# CÓMO SUPERAR LA ANSIEDAD

## LA GUÍA COMPLETA DE MINDFULNESS PARA CONTROLAR LA ANSIEDAD, LA DEPRESIÓN, LOS ATAQUES DE PÁNICO Y ELIMINAR LOS PENSAMIENTOS NEGATIVOS Y LOS MALOS HÁBITOS

MATTIA PONZO

# ÍNDICE

# DESCARGO DE RESPONSABILIDAD

Este libro no pretende sustituir el consejo médico. Se recomienda al lector que consulte con un profesional de la salud en caso de cualquier duda relacionada con su bienestar, en particular para cualquier síntoma que pueda requerir diagnóstico o tratamiento médico.

La información proporcionada en este libro es solamente para fines informativos generales. Si bien nos esforzamos por mantener esta información actualizada y correcta, no se ofrecen aseguramientos ni garantías, expresas o implícitas, sobre la integridad, exactitud, fiabilidad, idoneidad o disponibilidad de la información, productos, servicios o gráficos relacionados en este libro para cualquier alcance.

El uso de esta información corre por cuenta y riesgo del lector. Los métodos descritos en este libro reflejan únicamente las opiniones del autor y no deben considerarse como un conjunto exhaustivo de instrucciones para ningún proyecto específico. Existen otros métodos y materiales que podrían utilizarse para obtener resultados similares.

# INTRODUCCIÓN

La ansiedad se desencadena por diversos factores y se manifiesta a través de una amplia gama de síntomas. Puede incluir componentes conductuales, cognitivos y emocionales. Esta es la razón por la que si se le pregunta a un grupo de personas sobre su experiencia y comprensión de la ansiedad, se obtendrán diferentes explicaciones y definiciones de lo que significa para ellas sentirse ansiosas.

La ansiedad suele estar acompañada de depresión, tanto que muchos consideran que forman parte del mismo trastorno. Al igual que la depresión, la ansiedad afecta más a las mujeres que a los hombres, casi el doble.

Los trastornos de ansiedad se agrupan en una serie de afecciones relacionadas y pueden manifestarse de manera muy diferente en cada persona. Todos los trastornos de ansiedad comparten un miedo o preocupación persistente o excesiva, incluso en situaciones donde la mayoría de las personas no se sentirían amenazadas.

Las personas varían en cuanto a la frecuencia, intensidad y duración con que experimentan la ansiedad. La mayoría la considera una respuesta normal y han aprendido a convivir con ella cuando se presenta. Un nivel moderado de ansiedad forma parte de la experiencia humana cotidiana.

Desafortunadamente, otras personas experimentan la ansiedad a un nivel tan elevado que les provoca un gran malestar y puede comprometer su bienestar. Esto puede afectar varias áreas de su vida, como el trabajo, los estudios y las relaciones personales. Cuando la ansiedad llega a un punto en el que se vuelve angustiante e interfiere en el bienestar, se puede hablar de un trastorno de ansiedad.

Los trastornos de ansiedad son más comunes que cualquier otro tipo de trastorno mental. Un estudio mostró que el 5.6% de los italianos sufre de trastorno de ansiedad generalizada, ataques de pánico y fobias específicas. Estos trastornos pueden ser provocados por factores genéticos, condiciones ambientales, rasgos psicológicos o problemas físicos. La ansiedad puede causar mareos, aumento del ritmo cardíaco o dificultad para respirar.

La buena noticia es que hay expertos en este campo que pueden entender, diagnosticar y tratar los trastornos de ansiedad. Aquí es crucial un diagnóstico preciso, ya que el tratamiento variará según la persona. Además, es importante distinguir los trastornos de ansiedad de la ansiedad normal que no requiere tratamiento. Una vez diagnosticado correctamente un trastorno de ansiedad, se pueden aplicar diversas terapias, como la psicoterapia o el tratamiento farmacológico, que en la mayoría de los casos son efectivas.

Todos experimentamos ansiedad en algún momento de nuestras vidas. Es una reacción común ante situaciones estresantes. En muchos casos, puede ser una herramienta útil. Los reflejos se agudizan, la atención se hiperfocaliza, el ritmo cardíaco se acelera y el cuerpo se prepara para actuar de inmediato. La ansiedad normal es una respuesta a una amenaza inmediata y desaparece una vez que el peligro ha pasado. Sin embargo, en las personas que padecen trastornos de ansiedad, esto ocurre con mayor frecuencia e intensidad de lo que debería.

En tiempos prehistóricos, la ansiedad era particularmente útil. Ponía al cuerpo y al cerebro en modo "lucha o huida", redirigiendo los recursos corporales de la actividad cognitiva a los músculos y el corazón.

Este mecanismo era clave para escapar o evitar una amenaza mortal. Por desgracia, hoy en día, el cerebro responde de manera similar a situaciones que percibimos como peligrosas, aunque rara vez nos persigue un tigre dientes de sable. Nuestros peligros actuales son más abstractos, ideas que pueden no dañarnos físicamente, pero sí mentalmente.

El cerebro es un órgano fascinante que puede hacer cálculos complejos en milisegundos. Cuando recibe un estímulo, decide si es o no una amenaza. Si lo es, una pequeña sección llamada amígdala se activa antes de que el pensamiento sea consciente. Esto inhibe la función cognitiva mientras aumenta la función física para la lucha o huida.

Si el cerebro no percibe una amenaza, la información se envía al hipocampo para ser procesada como un pensamiento racional. Sin embargo, debido a la carga de trabajo, el cerebro a veces busca atajos, lo que puede dar lugar a una ansiedad excesiva. En los trastornos de ansiedad, las experiencias o pensamientos del pasado distorsionan la percepción de la situación actual.

Podríamos pensar que algunas de estas reacciones nos resultan familiares, pero analicemos cómo se experimentan en situaciones cotidianas. Mentalmente, la ansiedad genera pensamientos rápidos, una sensación de miedo o pavor, preocupaciones que parecen incontrolables, pánico, sensación de perder el control, una sensación de fatalidad inminente, irritabilidad y, a veces, una sensación de desconexión con uno mismo.

Físicamente, puede presentarse dificultad para respirar, taquicardia, sudoración, escalofríos o sofocos, náuseas, mareos, aturdimiento, entumecimiento, sensación de ahogo y dolor en el pecho. Todo esto puede ocurrir cuando la ansiedad alcanza un nivel elevado, como durante los ataques de pánico.

Los trastornos de ansiedad desencadenan estos síntomas debido a la percepción de amenazas basadas en creencias o suposiciones erróneas. Las personas susceptibles a la ansiedad experimentan estos síntomas con más frecuencia, mayor intensidad y durante períodos más prolongados que quienes no padecen este trastorno. La ansiedad se vuelve incontrolable y quienes la padecen suelen sentir que pierden el control, lo que incrementa la ansiedad, creando un círculo vicioso. Cuantos más síntomas aparecen, más difícil es romper el ciclo. Esto hace que sea un trastorno mental especialmente complejo de tratar.

# CAPÍTULO 1: SIGNOS Y SÍNTOMAS DE LA ANSIEDAD

Cuando uno se enfrenta al desafío de un trastorno de ansiedad, a menudo se encuentra inmerso en un laberinto de opciones terapéuticas. Curiosamente, quienes reciben este diagnóstico tienen entre tres y cinco veces más probabilidades de buscar ayuda de terapeutas en comparación con quienes no comparten esta experiencia. Además, la idea de ingresar en un centro especializado es seis veces más frecuente entre quienes padecen un trastorno de ansiedad.

Estos trastornos no son simples intrusos en nuestra mente, sino que pueden proyectar una sombra larga sobre nuestra salud mental, abriendo la posibilidad de una estrecha relación con la depresión. No es raro encontrar un diagnóstico concomitante de ansiedad y depresión, lo que complica aún más el cuadro clínico y requiere un enfoque terapéutico diverso.

La magnitud de la experiencia ansiosa se manifiesta en síntomas que afectan a todos los aspectos del ser humano: emociones, pensamientos, sensaciones físicas y comportamiento. Es importante subrayar que la ansiedad es una emoción profundamente personal, lo que crea un terreno en el que cada individuo la percibe de manera única. Esta diversidad hace que distintas personas no solo manifiesten síntomas diferentes, sino que también los experimenten con variada intensidad.

Los síntomas de la ansiedad se despliegan en tres dimensiones fundamentales: la esfera física, que puede incluir palpitaciones, temblores, tensión muscular y alteraciones gastrointestinales; la dimensión conductual, caracterizada por estrategias de evitación o comportamientos repetitivos; y, finalmente, la dimensión cognitiva, que engloba pensamientos catastróficos, hipervigilancia y dificultades para concentrarse.

Reconocer esta variedad de experiencias es vital, ya que moldea tanto la percepción de la persona como el enfoque terapéutico adecuado. En este contexto, el apoyo de los profesionales de la salud mental desempeña un papel esencial, proporcionando atención personalizada, facilitando la comprensión de los síntomas y promoviendo estrategias de afrontamiento adecuadas para mejorar el bienestar general.

# 1.1 SÍNTOMAS FÍSICOS DE LOS TRASTORNOS DE ANSIEDAD

Los síntomas físicos de la ansiedad se manifiestan a través de las sensaciones que experimentamos en nuestro cuerpo.

**Palpitaciones o latidos acelerados del corazón**

El latido acelerado del corazón representa una respuesta fisiológica asociada a la ansiedad, resultante de la activación del sistema nervioso simpático. Este sistema regula la frecuencia cardíaca e interactúa con las hormonas del estrés, como el cortisol y la adrenalina, lo que juega un papel clave en este proceso.

Ante situaciones estresantes, las glándulas suprarrenales liberan mayores cantidades de cortisol y adrenalina en el cuerpo. Estas hormonas estimulan los receptores cardíacos, causando un aumento de la frecuencia cardíaca. Esta respuesta es parte del mecanismo de "lucha o huida", que prepara al cuerpo para enfrentar o escapar de una amenaza percibida.

En el contexto de ansiedad, la aceleración de los latidos del corazón puede provocar un aumento del nerviosismo. La percepción de que el corazón late más rápido puede contribuir a crear un círculo vicioso, alimentando aún más el estado de ansiedad. Es importante entender que este mecanismo representa una respuesta natural al estrés, pero cuando se presenta de forma excesiva o prolongada, puede volverse problemático.

Para manejar esta respuesta fisiológica, es útil adoptar

técnicas de respiración profunda, practicar la relajación muscular y desarrollar la conciencia corporal. Estas prácticas pueden ayudar a regular su respuesta fisiológica y reducir su frecuencia cardíaca, ofreciendo herramientas prácticas para lidiar con la ansiedad.

### Dificultades respiratorias: sensación de falta de aire o dificultad para respirar

En el contexto de una situación estresante, el cuerpo activa el sistema nervioso simpático, desencadenando una serie de respuestas fisiológicas para afrontar el desafío. Durante esta fase de respuesta al estrés, las glándulas suprarrenales liberan hormonas como el cortisol y la adrenalina, estimulando el corazón y aumentando la frecuencia respiratoria. El objetivo es proporcionar una mayor cantidad de oxígeno a las células del cuerpo, mejorando la preparación física y mental para afrontar la situación estresante.

Sin embargo, cuando esta respuesta al estrés es intensa o prolongada, la respiración puede volverse irregular. Respirar demasiado rápido puede alterar el equilibrio entre oxígeno y dióxido de carbono en el cuerpo, creando la sensación de falta de aire y creando un ciclo en el que la percepción de dificultad para respirar puede alimentar aún más la ansiedad.

Para controlar eficazmente estos síntomas, es útil adoptar técnicas de respiración consciente y controlada. Respirar lenta y profundamente, involucrando el diafragma y permitiendo que el abdomen se expanda durante la inhalación, promueve un mejor intercambio de gases y ayuda a restablecer el equilibrio natural.

### Falta de energía o cansancio: sentir fatiga incluso sin realizar un esfuerzo físico importante

En este estado, el cuerpo permanece constantemente en alerta máxima, debido principalmente al aumento prolongado de los niveles de las hormonas del estrés, como el cortisol y la adrenalina.

Cuando se vive en ansiedad prolongada, el sistema nervioso

simpático permanece activado de forma persistente, manteniendo el cuerpo en hiperexcitación. Este estado de alerta constante puede provocar una demanda continua de energía, dejando al individuo con una sensación de cansancio y fatiga constante.

El ciclo ansiedad-fatiga puede convertirse en un círculo vicioso: la ansiedad constante requiere una liberación continua de energía, lo que a su vez puede contribuir al agotamiento físico y mental. La fatiga puede afectar negativamente la calidad del sueño, creando otro elemento que alimenta el ciclo, ya que un descanso insuficiente puede afectar aún más la capacidad para afrontar el estrés diario.

Practicar técnicas de relajación, como la meditación o la relajación muscular progresiva, puede ayudar a reducir la activación del sistema nervioso y mejorar la gestión del estrés. Además, establecer una rutina de sueño regular y adoptar un estilo de vida saludable, que incluya una dieta equilibrada y ejercicio regular, puede promover el descanso y mejorar los niveles generales de energía.

## Falta de sueño: insomnio y somnolencia crónica

En el contexto de ansiedad, el proceso de conciliar el sueño puede convertirse en un desafío, ya que el cuerpo se encuentra en un continuo estado de activación, debido principalmente a los altos niveles de hormonas, como el cortisol y la adrenalina.

Estas hormonas del estrés desempeñan un papel clave a la hora de mantener el cuerpo en estado de alerta, lo que dificulta la relajación y la transición a una etapa de sueño profundo. La activación persistente del sistema nervioso simpático puede generar una sensación de hiperexcitación, dificultando la transición de un estado de vigilia a uno de sueño tranquilo.

La ansiedad suele ir acompañada de pensamientos intrusivos y preocupaciones que persisten durante toda la noche, estableciendo un ciclo negativo. Estos pensamientos pueden estar relacionados con preocupaciones diarias o estar directamente vinculados con fuentes de ansiedad experimentadas durante el día. El ciclo ansiedad-sueño-ansiedad puede autoalimentarse, ya que la falta de sueño puede intensificar aún más el estado de ansiedad.

Crear una rutina de sueño regular, con horarios establecidos para hábitos de descanso y relajación antes de acostarse, puede promover un ambiente propicio para el sueño. Limitar los estímulos estresantes antes de acostarse y crear un ambiente confortable para dormir son igualmente cruciales.

### Dolor y tensión muscular: contracciones musculares, especialmente en la zona de los hombros, el cuello y la espalda

Esta respuesta física suele manifestarse como tensión muscular durante episodios de ansiedad o estrés, cuando se activa el sistema nervioso simpático.

Las contracciones musculares pueden ocurrir como respuesta refleja del cuerpo a una posible amenaza. Sin embargo, cuando la ansiedad se vuelve crónica o excesiva, la tensión muscular puede persistir, provocando malestar físico y contribuyendo aún más a la ansiedad misma.

Los músculos de los hombros, el cuello y la espalda son especialmente propensos a sufrir tensiones y contracciones debido al estrés emocional. Estos síntomas pueden variar desde una sensación general de rigidez hasta punzadas dolorosas.

La relajación muscular progresiva, que implica relajar conscientemente grupos de músculos individuales, puede ayudar a reducir la tensión. Los tratamientos como la fisioterapia o los masajes pueden ser opciones útiles para aliviar el dolor muscular asociado con la ansiedad. El ejercicio regular, como el yoga o caminar, puede promover la relajación muscular y reducir la tensión general.

### Sudoración excesiva: aumento de la sudoración, especialmente en las manos o la frente

Este fenómeno suele estar relacionado con la respuesta de "lucha o huida" del sistema nervioso, que se activa en situaciones percibidas como amenazantes o estresantes. La sudoración excesiva puede ser incómoda y vergonzosa, lo que provoca manos húmedas, sensaciones resbaladizas o incluso manchas de sudor visibles en la frente. Este síntoma resulta de la estimulación de las glándulas sudoríparas del sistema nervioso simpático, activado durante periodos de ansiedad o tensión.

A menudo, la sudoración excesiva puede desencadenar un círculo vicioso: la ansiedad puede provocar sudoración y la preocupación por la sudoración puede aumentar la ansiedad. Este ciclo puede persistir, contribuyendo al mantenimiento del trastorno de ansiedad.

Las técnicas de gestión del estrés, como la respiración profunda, el mindfulness o la relajación muscular progresiva, pueden ayudar a reducir la ansiedad y, en consecuencia, la sudoración excesiva. Además, el ejercicio regular puede resultar útil para mantener el equilibrio emocional.

### Temblores: movimientos involuntarios de las manos u otras partes del cuerpo

Estos fenómenos se manifiestan como movimientos involuntarios de las manos u otras partes del cuerpo, con variaciones de intensidad y duración. Las personas que experimentan ansiedad pueden tener desde temblores leves hasta temblores más notorios, a menudo acompañados de una sensación de debilidad muscular.

Estos temblores pueden ser el resultado de la activación del sistema nervioso simpático, que participa en la respuesta de "lucha o huida". Cuando la ansiedad es alta, el cuerpo puede reaccionar generando tensiones y contracciones musculares, manifestándose a través de temblores.

Es fundamental destacar que los temblores asociados a la ansiedad difieren de los relacionados con afecciones neurológicas. En el contexto de la ansiedad, los temblores suelen ser temporales y están relacionados con situaciones estresantes o ansiosas, siendo más evidentes durante períodos de mayor estrés emocional.

Ser consciente de estos síntomas es esencial para comprender la conexión entre el estado emocional y las manifestaciones físicas. Manejar la ansiedad mediante técnicas de relajación y atención plena puede ayudar a reducir la incidencia de estos temblores.

### Boca seca: Sensación de boca seca o sed intensa

La boca seca es un síntoma frecuente relacionado con los trastornos de ansiedad. Se manifiesta a través de la sensación de tener la boca seca o una sed intensa, incluso en ausencia de una falta real de líquidos en el cuerpo. Este síntoma puede contribuir a una sensación general de malestar y puede ser el resultado de diversos mecanismos asociados con la ansiedad.

Durante los episodios de ansiedad, el sistema nervioso simpático puede activarse, lo que provoca varias reacciones fisiológicas, incluida la disminución de la producción de saliva. Esta reducción puede generar la sensación de sequedad, dificultando la capacidad de tragar y percibir el gusto.

Además, la ansiedad puede influir en las conductas de ingesta de líquidos. Algunas personas, en respuesta a la ansiedad, pueden beber menos agua de la necesaria, lo que contribuye a la sequedad bucal. Este ciclo puede acentuar el malestar y es un aspecto importante a abordar al gestionar la ansiedad.

La sequedad bucal se puede abordar con algunas estrategias. Mantener una hidratación adecuada es fundamental, bebiendo lo suficiente a lo largo del día. Además, practicar técnicas de manejo del estrés, como la meditación, la respiración profunda o la relajación muscular, puede ayudar a reducir la ansiedad y, en consecuencia, la sequedad bucal.

### Dolor de cabeza: dolor de cabeza, a menudo asociado con tensión muscular

Este tipo de dolor de cabeza suele estar relacionado con la tensión muscular y puede variar desde una sensación de presión o pesadez hasta un dolor más punzante o agudo.

La tensión muscular provocada por la ansiedad puede afectar los músculos del cuello, los hombros y la cabeza, contribuyendo al desarrollo de dolores de cabeza. La contracción prolongada de estos músculos puede generar una sensación dolorosa que se irradia desde la parte posterior del cuello hasta la parte frontal o temporal de la cabeza.

El manejo de los dolores de cabeza asociados con la ansiedad puede incluir varias estrategias. La relajación muscular progresiva, el ejercicio regular y las técnicas de manejo del estrés, como la respiración profunda y la meditación, pueden ayudar a reducir la tensión muscular y aliviar los dolores de cabeza.

La postura y el cuidado de la postura juegan un papel importante en la prevención de la tensión muscular. Mantener una buena postura, especialmente durante largas sesiones de trabajo o estudio, puede ayudar a prevenir la aparición de tensión muscular que contribuye a los dolores de cabeza.

El consumo excesivo de cafeína u otros estimulantes puede afectar negativamente la frecuencia e intensidad de los dolores de cabeza asociados con la ansiedad. Una dieta equilibrada, una hidratación adecuada y períodos regulares de descanso pueden ayudar a mantener el bienestar general y reducir la susceptibilidad a los dolores de cabeza.

### Trastornos gastrointestinales: problemas estomacales, como náuseas, calambres abdominales, diarrea o estreñimiento

Estos problemas pueden manifestarse con síntomas como náuseas, calambres abdominales, diarrea o estreñimiento, provocando un malestar considerable a quien los experimenta.

La ansiedad puede afectar directamente el sistema digestivo al estimular el sistema nervioso entérico, a menudo llamado el "segundo cerebro" del cuerpo, responsable de la función intestinal. Esta conexión mente-cuerpo puede provocar cambios en la motilidad intestinal, la secreción de jugo gástrico y la percepción del dolor, contribuyendo así a los trastornos gastrointestinales.

Las náuseas son una sensación de incomodidad o malestar abdominal, a menudo acompañada de tendencia a vomitar, y pueden ser provocadas por la ansiedad. Los calambres abdominales pueden manifestarse como un dolor sordo o agudo en la zona del estómago, causado por la contracción de los músculos y la alteración de las funciones digestivas. La diarrea y el estreñimiento pueden ser el resultado de cambios en la motilidad intestinal inducidos por la ansiedad.

El manejo de los trastornos gastrointestinales asociados con la ansiedad puede implicar varios enfoques. La regulación del estrés mediante técnicas de relajación, atención plena y terapia cognitivo-conductual puede ayudar a reducir el impacto de la ansiedad en el sistema digestivo. Una dieta equilibrada, rica en fibra y baja en alimentos irritantes, también puede ayudar a estabilizar la función intestinal.

La importancia de mantener una buena hidratación es crucial para prevenir la deshidratación, especialmente en casos de diarrea. Si los síntomas gastrointestinales persisten o se vuelven severos, es recomendable consultar a un gastroenterólogo para una evaluación más exhaustiva y un tratamiento específico.

### Mareos y sensación de desmayo: sensación de mareo o inestabilidad

Ante la presencia de ansiedad, es común experimentar una serie de síntomas que pueden amplificar la sensación general de malestar y preocupación por la salud. La sensación de mareo, por ejemplo, puede manifestarse como una inestabilidad o una percepción de debilidad en la cabeza, mientras que el vértigo trae consigo una sensación de movimiento o rotación del entorno, un verdadero "vértigo".

Es importante comprender que estos síntomas pueden ser desencadenados por la respuesta del sistema nervioso simpático, que puede afectar la presión arterial y la circulación. La ansiedad, a su vez, puede desempeñar un papel importante en la aparición de mareos y sensación de desmayo a través de varios mecanismos.

Durante los ataques de ansiedad, por ejemplo, la hiperventilación es común y puede alterar el equilibrio entre los niveles de oxígeno y dióxido de carbono en la sangre, lo que afecta la circulación y puede provocar mareos.

Es reconfortante saber que existen métodos que pueden aliviar estos síntomas. La práctica de técnicas de respiración controlada puede ayudar a prevenir la hiperventilación al estabilizar los niveles de oxígeno en sangre. El ejercicio regular, si es apropiado para su estado de salud, puede desempeñar un papel positivo en la mejora de la circulación sanguínea y la reducción del mareo.

### Entumecimiento o formicolio: Sensación de hormigueo o adormecimiento en las manos o los pies

Estos síntomas suelen ocurrir como resultado de la respuesta del sistema nervioso autónomo al estrés o la ansiedad. Durante los momentos de ansiedad, el sistema nervioso simpático puede activarse, provocando cambios en la circulación sanguínea y esa particular sensación de parestesia, que se traduce en formicolio, escozor o adormecimiento. Esta reacción fisiológica puede implicar una alteración temporal de la circulación o cambios en la transmisión de los impulsos nerviosos.

La sensación de entumecimiento o formicolio puede localizarse en diferentes partes del cuerpo, como manos, pies u otras zonas. Puede ser un fenómeno temporal o persistente, generando muchas veces un aumento de la ansiedad, ya que los afectados podrían interpretarlo como un signo de un problema físico grave.

Para controlar estos síntomas, existen varios enfoques. Reducir la ansiedad mediante técnicas de relajación, como la meditación o la relajación muscular progresiva, puede ayudar a aliviar la tensión asociada al entumecimiento o al formicolio. Además, el ejercicio regular puede promover la circulación sanguínea, contribuyendo al bienestar general.

Es sumamente importante recalcar que la evaluación médica es crucial para descartar otras posibles causas físicas del entumecimiento o formicolio. Si bien suelen estar relacionados con la ansiedad, es fundamental consultar a un profesional de la salud para descartar cualquier problema subyacente y garantizar el tratamiento adecuado.

### Hiperactividad: piernas inquietas o incapacidad para permanecer en reposo

Esta condición se caracteriza por una sensación de agitación o impaciencia que lleva a una necesidad constante de moverse o cambiar de posición.

El "síndrome de piernas inquietas" es un ejemplo concreto de hiperactividad, caracterizado por una sensación desagradable en las piernas que induce el deseo incontrolable de moverlas. Esta sensación a menudo se describe como escozor, formicolio o sensación de ardor y puede volverse más notoria durante los períodos de descanso o inactividad, como por la noche.

La incapacidad para permanecer en reposo puede generalizarse a todo el cuerpo, no limitado a las piernas. Quienes sufren de ansiedad pueden experimentar agitación constante, un deseo incontrolable de moverse o dificultad para mantener una posición estática.

Estos síntomas pueden ser el resultado de la tensión muscular y la hiperactividad del sistema nervioso simpático, que participa en la respuesta de "lucha o huida". La ansiedad puede contribuir a altos niveles de activación del sistema nervioso, afectando así el control motor y la sensación de agitación.

La relajación muscular progresiva o la meditación pueden ayudar a reducir la tensión y la agitación muscular. Adoptar un estilo de vida saludable, que incluya una dieta equilibrada, ejercicio regular y un descanso adecuado, también puede ayudar a mantener el bienestar general.

### Escalofríos o sofocos: sensaciones repentinas de frío o calor

Estas sensaciones se manifiestan con una sensación de agitación o impaciencia que lleva a un deseo constante de moverse o cambiar de posición. El "síndrome de piernas inquietas" representa un ejemplo concreto de esta hiperactividad, caracterizado por una sensación desagradable en las piernas que provoca una necesidad irresistible de moverlas. Esta sensación, muchas veces descrita como formicolio, escozor o ardor, puede volverse más intensa en momentos de descanso o inactividad, como por ejemplo por la noche.

La incapacidad para permanecer quieto puede afectar a todo el cuerpo, no solo a las piernas. Para quienes viven con ansiedad, esta agitación constante, el deseo incontrolable de moverse o la dificultad para mantener una posición estática pueden convertirse en síntomas familiares.

Estos síntomas pueden originarse por la tensión muscular y la hiperactividad del sistema nervioso simpático, que participa en la respuesta de "lucha o huida".

La ansiedad puede contribuir a niveles elevados de activación del sistema nervioso, afectando el control motor y potenciando sentimientos de agitación.

Practicar técnicas como la relajación muscular progresiva o la meditación puede ser un paso hacia la reducción de la tensión y la agitación muscular. Seguir un estilo de vida saludable, que incluya una dieta equilibrada, actividad física regular y un descanso adecuado, también puede contribuir a mantener el bienestar general.

## Dolor en el pecho: Sensación de opresión o dolor en el pecho, a menudo confundido con problemas cardíacos

Este síntoma puede causar gran preocupación, ya que a menudo se asocia erróneamente con problemas cardíacos. La sensación de opresión en el pecho puede describirse como una presión o pesadez subyacente que puede irradiarse en diferentes direcciones, afectando los brazos, los hombros o el cuello. Este tipo de malestar puede confundirse fácilmente con un dolor en el pecho de origen cardíaco, y el miedo a un problema cardíaco puede alimentar aún más la ansiedad.

El dolor de pecho relacionado con la ansiedad es a menudo el resultado de la tensión muscular en la región del pecho, provocada por la activación del sistema nervioso simpático durante episodios de ansiedad. La respuesta de "lucha o escape" puede hacer que los músculos del pecho se contraigan, lo que provoca una sensación de dolor u opresión.

Es fundamental señalar que, si bien el dolor en el pecho es un síntoma común en los trastornos de ansiedad, es crucial descartar otras posibles causas físicas, como problemas cardíacos, mediante una evaluación médica adecuada. Consultar a un médico es imprescindible para comprender la naturaleza del dolor y asegurarse de que no esté relacionado con afecciones médicas más graves.

En conclusión, las expresiones físicas relacionadas con la ansiedad varían ampliamente de persona a persona y están determinadas por varios factores, incluida la gravedad de la ansiedad, la frecuencia de los episodios y las características individuales. Es de vital importancia comprender que la ansiedad no se limita únicamente al ámbito mental, sino que también puede manifestarse a través del cuerpo.

Todos estos síntomas surgen de cambios fisiológicos que ocurren en el cuerpo en respuesta a un estado de lucha o escape. Sin embargo, nuestro cuerpo no distingue entre el entorno que nos rodea y una amenaza imaginaria o anticipada en el futuro, es decir, entre miedo y ansiedad. Reconocer estos signos es el primer paso hacia una comprensión más profunda y un manejo eficaz de la ansiedad.

La consulta con un profesional de la salud es fundamental no solo para descartar posibles causas médicas subyacentes, sino también para desarrollar un plan de tratamiento personalizado dirigido al bienestar general del individuo. Es un camino que debe recorrer con compasión y cuidado, ya que cada individuo es único en su experiencia y forma de afrontar la ansiedad.

## 1.2 SÍNTOMAS CONDUCTUALES DE LAS PERSONAS CON ANSIEDAD

Estos síntomas conductuales están relacionados con las acciones que una persona realiza o evita durante los episodios de ansiedad.

**Comportamiento de evitación**

La evitación es una reacción común ante la ansiedad y puede manifestarse de muchas formas, dejando una huella significativa en la vida diaria de la persona que la experimenta. Cuando una persona se enfrenta a situaciones que provocan ansiedad, es probable que intente evitarlas activamente con la esperanza de reducir el malestar emocional asociado.

Por ejemplo, quienes sienten ansiedad durante eventos sociales pueden optar por evitar conscientemente participar en actividades donde tengan que interactuar con otras personas. Esta actitud puede extenderse a la negativa de asistir a lugares concurridos o situaciones sociales que generen ansiedad. El individuo también puede limitar las actividades que involucren interacciones sociales, prefiriendo contextos más controlados o aislados.

En situaciones donde existe un miedo específico, como el uso de un ascensor, la persona puede evitar activamente utilizarlo, optando por las escaleras. Esta conducta de evitación es una estrategia de afrontamiento destinada a minimizar el riesgo percibido y reducir la intensidad de la ansiedad.

Sin embargo, es importante destacar que este comportamiento puede tener consecuencias negativas a largo plazo. Aunque puede aliviar temporalmente la ansiedad, también puede limitar las oportunidades de crecimiento personal y de participación en experiencias significativas. Además, la evitación contribuye a reforzar la percepción de peligro asociada a determinadas situaciones, perpetuando la ansiedad con el tiempo.

### Evitación activa

La evitación activa es otro comportamiento muy común ante la ansiedad, caracterizado por el deseo de salir rápidamente de una situación que provoca malestar emocional. Frente a una situación que genera ansiedad, el deseo instintivo de huir puede volverse irresistible, llevando al individuo a buscar inmediatamente refugio en lugares o situaciones que considere seguros.

Por ejemplo, una persona con un fuerte temor a los lugares concurridos podría intentar escapar rápidamente de una plaza o área con mucha gente. Este acto de huida se basa en la necesidad de reducir la sensación percibida de peligro y el malestar relacionado con la ansiedad.

No obstante, recurrir a la huida como estrategia de afrontamiento puede tener consecuencias a largo plazo. Si bien puede proporcionar un alivio inmediato, también puede reforzar el miedo y la ansiedad asociados a determinadas situaciones, creando un ciclo de evitación que limita las experiencias y oportunidades de crecimiento personal.

### Participar en conductas poco saludables

La adopción de conductas poco saludables es otra forma en que algunas personas afrontan la ansiedad. Aquellos que experimentan altos niveles de ansiedad pueden recurrir a comportamientos de riesgo o autodestructivos en un intento de encontrar alivio temporal o evadirse momentáneamente del malestar emocional.

Entre estas conductas, el consumo excesivo de alcohol y el abuso de drogas son dos de las más comunes. El alcohol y las sustancias psicoactivas pueden ofrecer un alivio temporal de los síntomas de ansiedad al inducir una sensación de relajación o distracción. Sin embargo, es importante destacar que estas conductas son soluciones a corto plazo y pueden tener graves consecuencias para la salud física y mental a largo plazo.

El uso de sustancias como método para enfrentar la ansiedad puede desencadenar un ciclo peligroso en el que la persona desarrolla una adicción a la sustancia para afrontar la ansiedad diaria. Esto puede derivar en un deterioro de la salud mental y física, así como en problemas en las relaciones y el trabajo.

### Limitar la participación en actividades

La decisión de limitar la participación en actividades diarias surge como un comportamiento adaptativo que algunas personas eligen para manejar la ansiedad. Esto se manifiesta cuando los individuos sienten la necesidad de reducir su implicación en las actividades diarias y restringir los entornos o situaciones que puedan desencadenar ansiedad, buscando crear un espacio de comodidad y seguridad en contextos familiares y conocidos.

Por ejemplo, una persona que experimenta ansiedad en situaciones sociales o lugares concurridos podría optar por limitar las interacciones sociales y evitar lugares públicos como centros comerciales o eventos sociales. Sin embargo, es esencial reconocer que esta elección puede tener importantes desventajas a largo plazo. La restricción de las actividades puede afectar negativamente la calidad de vida y limitar la participación social, restringiendo las oportunidades de crecimiento personal y profesional. Además, puede reforzar el miedo asociado a determinadas situaciones, perpetuando un ciclo de evitación difícil de romper.

### Apego a una persona o objeto de seguridad

El apego a una persona o a un objeto de seguridad representa un comportamiento que puede surgir cuando la ansiedad tiene un fuerte impacto en una persona. En estas situaciones, se desarrolla una dependencia psicológica hacia una figura o un objeto concreto, percibido como fuente de consuelo y seguridad. Este vínculo puede volverse tan poderoso que el individuo busque constantemente la presencia de dicha figura u objeto, mostrando una gran resistencia a separarse de ellos.

Por ejemplo, si una persona con ansiedad encuentra en una figura o un objeto específico una fuente de tranquilidad, podría evitar salir de casa o acudir a lugares como el trabajo o la escuela, buscando permanecer en estrecho contacto con esa fuente de seguridad. Este comportamiento de apego puede interferir significativamente en la vida diaria, dificultando la gestión de actividades cotidianas.

El principal problema de este tipo de comportamiento es que, si no se aborda, puede intensificar el trastorno de ansiedad con el tiempo. La dependencia de una figura o un objeto de seguridad limita las oportunidades de desarrollar la autonomía y de enfrentarse progresivamente a situaciones temidas. Además, puede dificultar la gestión de la ansiedad en contextos en los que esa figura u objeto no esté disponible.

# 1.3 SÍNTOMAS EMOCIONALES DE LOS TRASTORNOS DE ANSIEDAD

La ansiedad, al ser una emoción, se manifiesta a través de una diversidad de sentimientos, que se traducen en síntomas emocionales.

### Preocupación

La preocupación representa un aspecto relevante en el complejo panorama emocional vinculado a la ansiedad. Se manifiesta como un sentimiento persistente de temor y ansiedad respecto a acontecimientos futuros, con la anticipación de que algo negativo o desagradable pueda ocurrir en un futuro próximo. Este estado emocional, caracterizado por una especie de inquietud constante, puede tener un impacto significativo en la salud mental de un individuo.

Quienes viven con preocupación pueden experimentar tensión crónica, que se manifiesta a través de una preocupación constante por situaciones futuras, aunque la fuente precisa de esa preocupación puede no ser clara o inmediata. Esta anticipación continua de eventos adversos puede afectar el bienestar general, generando sentimientos de inquietud, irritabilidad y dificultad para concentrarse en las tareas diarias.

A menudo, la preocupación va acompañada de una percepción de hipervigilancia, con la persona constantemente alerta ante cualquier señal de amenaza o problemas futuros. Esta actitud puede conducir a un modo de pensar catastrófico, en el que uno sobreestima la probabilidad de eventos negativos y subestima la propia capacidad para afrontarlos.

### Aflicción

La aflicción se presenta como una experiencia emocional profundamente dolorosa vinculada a la ansiedad, manifestándose como un estado persistente de dolor y sufrimiento emocional angustioso. Este síntoma puede adoptar diferentes formas, desde una sensación general de malestar hasta un dolor más específico y agudo relacionado con preocupaciones particulares.

Para quienes experimentan aflicción, sumergirse en una sensación generalizada de tristeza y desesperación es una experiencia real. Este estado emocional puede traer consigo una sensación de opresión, acompañada de pensamientos intrusivos y negativos, añadiendo una carga emocional difícil de soportar.

La aflicción puede afectar la capacidad de disfrutar de la vida diaria, socavando el bienestar emocional y la calidad de las relaciones interpersonales. Además, puede asociarse a síntomas físicos como alteraciones del sueño, problemas digestivos o tensión muscular, con un impacto global en la salud física y mental.

### Terror

El terror, en el contexto de la ansiedad, se define como una experiencia emocional caracterizada por un intenso temor hacia algo o alguien. Este estado emocional puede estar vinculado a un profundo sentimiento de inquietud o aprensión hacia un elemento específico, que comúnmente se percibe como amenazante o capaz de generar peligro.

Quienes experimentan terror pueden vivir una forma intensificada de temor que va más allá de la ansiedad habitual, manifestándose con una sensación de impotencia frente a lo que se teme. Esta reacción puede ir acompañada de una activación significativa del sistema nervioso simpático, lo que da lugar a respuestas fisiológicas como un aumento del ritmo cardíaco, sudoración y sensación de malestar.

El terror puede asociarse con diferentes aspectos de la vida, incluidos miedos específicos como las fobias o preocupaciones más amplias sobre eventos futuros. Esta experiencia emocional también puede afectar la calidad de vida diaria, limitando la capacidad de afrontar determinadas situaciones o de mantener un funcionamiento emocional saludable.

## Inquietud

La inquietud representa un estado emocional que genera un nivel de agitación capaz de comprometer la tranquilidad mental de un individuo. Esta experiencia puede manifestarse con una sensación general de nerviosismo e irritabilidad, llevando a la persona a sentirse constantemente tensa e incapaz de alcanzar un estado de serenidad mental.

Quienes experimentan inquietud pueden tener dificultades para relajarse o concentrarse, ya que experimentan una sensación de inestabilidad emocional. Este estado puede desencadenarse por diversos factores, como situaciones estresantes, preocupaciones excesivas o la percepción de una amenaza inminente. En algunos casos, la inquietud puede volverse crónica, afectando significativamente la calidad de vida diaria y la capacidad de afrontar los desafíos diarios de forma tranquila y reflexiva.

La inquietud también puede manifestarse a través de síntomas físicos, como temblores, sudoración y tensión muscular, lo que contribuye a un círculo vicioso de angustia emocional y manifestaciones físicas.

## Sentirse superado

Experimentar una sensación de estar superado representa un estado emocional en el que un individuo comienza a percibir una sensación de derrota e incapacidad para lograr sus acciones y objetivos. Esta experiencia puede caracterizarse por un sentimiento de estar abrumado, donde el peso de los desafíos y responsabilidades diarios se vuelve insoportable, excediendo la capacidad del individuo para afrontarlos con eficacia.

Quienes experimentan este sentimiento abrumador pueden experimentar una sensación de impotencia y frustración, con la percepción de que las exigencias de la vida son demasiado intensas o complejas para afrontarlas. Este estado emocional puede manifestarse en diferentes situaciones, tanto personales como profesionales, y puede verse acentuado por factores como el estrés crónico, la elevada carga laboral o las presiones relacionales.

Sentirse abrumado puede afectar negativamente la salud física y mental, contribuyendo a síntomas como fatiga crónica, dificultad para concentrarse y cambios en el sueño.

### Pánico

El pánico es una intensa tormenta emocional en la que un individuo se ve abrumado por un sentimiento de miedo tan intenso que dificulta el razonamiento y el pensamiento lógico. Esta experiencia se caracteriza por una manifestación rápida y abrumadora de ansiedad, a menudo acompañada de una variedad de síntomas físicos y cognitivos que contribuyen a una sensación de pérdida de control.

Quienes experimentan pánico pueden experimentar un aumento repentino del ritmo cardíaco, dificultad para respirar, sudoración y sensación de opresión en el pecho. Estos síntomas físicos pueden intensificar aún más el miedo, contribuyendo a una sensación de peligro inminente, incluso si no existe una amenaza inmediata obvia.

Desde un punto de vista cognitivo, el pánico puede generar pensamientos catastróficos e irracionales, amplificando la percepción de peligro y dificultando mantener una perspectiva racional de la situación. Este estado puede ser tan envolvente que genera un miedo persistente a experimentar nuevos episodios de pánico, alimentando un círculo vicioso de ansiedad.

### Malestar

El malestar es un estado emocional en el que un individuo experimenta una sensación de incomodidad o malestar relacionado con una persona o una situación específica. Este estado puede presentarse de muchas formas, desde tensión y vergüenza hasta una percepción más amplia de falta de encaje o desconexión emocional.

Quienes se encuentran en un estado de malestar pueden vivir una situación que no se corresponde con sus expectativas, valores o comodidad emocional. Este sentimiento puede surgir de dinámicas de relación complejas, contextos sociales difíciles o entornos en los que uno se siente fuera de lugar. El malestar puede afectar la comunicación interpersonal, dificultando la interacción con los demás y comprometiendo la calidad de las relaciones.

Este estado emocional también puede estar asociado a situaciones en las que el individuo se siente expuesto, vulnerable o juzgado. Este estado puede afectar la salud mental y dificultar la capacidad de afrontar de manera constructiva los desafíos diarios.

### Miedo

El miedo es una poderosa emoción que surge cuando se percibe un peligro o amenaza en determinadas circunstancias. Esta respuesta fisiológica y psicológica prepara al cuerpo para hacer frente a situaciones potencialmente peligrosas y puede variar en intensidad y duración, adquiriendo distintos matices según la naturaleza de la amenaza percibida.

A nivel fisiológico, el miedo induce una serie de reacciones en el organismo, como aumento del ritmo cardíaco, respiración más rápida, dilatación de las pupilas y liberación de adrenalina. Estas respuestas preparan al cuerpo para afrontar la amenaza de forma rápida y contundente, formando parte de la respuesta de "lucha o huida".

El miedo se puede categorizar en diferentes tipos, como el miedo a situaciones concretas (fobias), el miedo a perder el control (ansiedad) o el miedo a un peligro inminente. Además, puede clasificarse como racional o irracional, dependiendo de la gravedad y probabilidad real de la amenaza percibida.

## Preocupación

La preocupación es un sentimiento caracterizado por tensión mental y emocional, a menudo vinculado a problemas reales o potenciales. Este estado mental surge cuando un individuo se enfrenta a incertidumbres, dificultades o preocupaciones, dando lugar a una serie de pensamientos ansiosos sobre lo que podría suceder en el futuro.

La preocupación puede variar en intensidad y duración e involucrar una amplia gama de temas, incluida la salud, el trabajo, las relaciones u otros aspectos de la vida diaria. Es una parte normal de la vida, ya que puede ayudar a prepararse para los desafíos o a planificar el futuro. Sin embargo, se vuelve problemático cuando se vuelve excesivo, constante e interfiere con el bienestar general del individuo.

A nivel cognitivo, la preocupación puede ir acompañada de pensamientos dando vueltas, anticipación negativa y dificultad para concentrarse en otras cosas. Este estado mental también puede afectar el sueño, la concentración y la calidad de vida diaria.

## Temor

El temor es una emoción caracterizada por una sensación de ansiedad anticipada ante posibles eventos negativos o desgracias inminentes. Esta emoción puede ser desencadenada por diferentes situaciones o contextos percibidos como amenazantes o potencialmente dañinos.

A diferencia del temor, que suele estar vinculado a amenazas inmediatamente identificables, el temor puede ser más sutil y asociarse con preocupaciones o ansiedades menos definidas. Se manifiesta como un sentimiento de inquietud o nerviosismo ante un posible resultado negativo, incluso en ausencia de una amenaza concreta en el momento presente.

El temor puede influir en la forma en que un individuo

aborda los desafíos, riesgos o decisiones importantes del día a día. Este estado emocional puede llevar a una actitud de cautela o desconfianza hacia situaciones que se perciben como inciertas o peligrosas. Sin embargo, cuando el temor se vuelve excesivo o persistente, puede interferir significativamente con la calidad de vida y limitar las oportunidades de crecimiento personal.

En conclusión, muchas personas, tanto adultas como niños, enfrentan el desafío de comunicar y explicar sus emociones. Es común escuchar que no pueden describir con precisión lo que sienten cuando se les pide que expresen sus emociones. Esta dificultad para articular las emociones puede surgir de varios factores, incluida la complejidad inherente de las emociones mismas y las diferencias individuales en la capacidad de expresar sus emociones.

El aspecto emocional de la ansiedad, en particular, trae consigo una considerable preocupación, que implica sentimientos intensos de inquietud, aprensión o miedo. La esfera emocional puede ser un ámbito difícil de navegar y las personas pueden sentirse abrumadas por una variedad de emociones sin poder identificar con claridad lo que sienten.

Al mismo tiempo, los aspectos físicos de la ansiedad, como las reacciones corporales descritas anteriormente, pueden provocar alteraciones importantes en la vida cotidiana y en el bienestar general. Si no se manejan adecuadamente, estas manifestaciones físicas pueden impactar negativamente su calidad de vida, interfiriendo con el trabajo, las relaciones y las actividades diarias.

Reconocer y comprender ambos aspectos de la ansiedad representa un paso fundamental para dar un paso hacia el bienestar emocional.

## 1.4 SÍNTOMAS COGNITIVOS DE LOS ENFERMOS DE ANSIEDAD

A menudo, cuando enfrentamos la ansiedad, nuestra mente se convierte en un torbellino de pensamientos, seamos conscientes de ello o no. Incluso sin la presencia de la ansiedad, miles de pensamientos pasan por nuestra mente diariamente. Sin embargo, cuando sufrimos de ansiedad, los pensamientos que emergen suelen ser de naturaleza preocupante, y su contenido varía según la situación en la que nos encontremos y nuestra individualidad.

Aquellos que padecen ansiedad social a menudo experimentan el temor de que su estado ansioso sea evidente para los demás, temiendo ser juzgados negativamente. Las preocupaciones de estas personas incluyen el miedo a ser percibidas como poco atractivas, estúpidas o aburridas, y el miedo a perder el control de la situación, lo cual puede estar también relacionado con trastornos obsesivo-compulsivos. Algunos incluso temen desarrollar problemas graves, como el miedo irracional de convertirse en pedófilos, aun cuando no haya indicios concretos que sustenten tal preocupación.

En el caso del trastorno de ansiedad generalizada, el individuo ansioso se ve atrapado en una constante preocupación por la posibilidad de que sus pensamientos obsesivos le causen daño. En una sorprendente paradoja, se convence a sí mismo de que preocuparse es esencial para estar preparado y prevenir posibles errores.

La sobrestimación es otro rasgo común en quienes sufren ansiedad, ya que tienden a exagerar la probabilidad de que ocurran eventos negativos, al mismo tiempo que subestiman su capacidad para manejar dichas situaciones cuando estas se presentan. Por ejemplo, podrían infravalorar su habilidad para resolver un conflicto con un amigo.

La ansiedad tiene el poder de debilitar la confianza en uno mismo, haciendo que la persona se sienta inadecuada y que sus pensamientos se vuelvan más rígidos o bloqueados. Estos pensamientos preocupantes pueden variar según el tipo específico de trastorno de ansiedad o la experiencia personal de la persona afectada con respecto a la ansiedad.

# 1.5 SÍNTOMAS PSICOLÓGICOS DE LOS ENFERMOS DE ANSIEDAD

La ansiedad, además de presentar síntomas físicos, afecta profundamente la dimensión psicológica, dejando huellas en diversos aspectos de nuestra mente y comportamiento.

- Dificultad para concentrarse o mantener la atención en una tarea.
- Pérdida de memoria o disfunción mnemotécnica.
- Desánimo, pérdida de apetito, letargo y otros signos asociados a la depresión.

En la raíz de la ansiedad patológica se encuentra una evaluación cognitiva distorsionada de la situación. Esto implica una sobrestimación de la amenaza en un desafío dado, al tiempo que se subestima la propia capacidad para afrontarlo. En otras palabras, las personas que sufren ansiedad tienden a percibir el desafío como más amenazador de lo que realmente es, y al mismo tiempo, subestiman sus propios recursos y habilidades para enfrentarlo con éxito.

### El costo de la ansiedad

La ansiedad conlleva una serie de consecuencias significativas, con síntomas que pueden repercutir negativamente en la vida del individuo, privándolo de oportunidades y comprometiendo su bienestar. Cuando la ansiedad persiste sin ser identificada y tratada adecuadamente, su impacto en la vida de una persona puede ser considerable, acarreando un alto costo en términos de calidad de vida y realización personal.

### Oportunidades perdidas

Las personas que sufren ansiedad en situaciones sociales pueden perder valiosas oportunidades relacionales y profesionales debido a su timidez. La dificultad para destacar puede llevar a situaciones en las que la persona se sienta aislada, observando pasivamente cómo las oportunidades se escapan de sus manos. La timidez derivada de la ansiedad puede limitar la participación activa en la vida social y laboral, afectando negativamente su capacidad para aprovechar al máximo las oportunidades que se presenten.

### Relaciones disfuncionales

El miedo a expresarse plenamente puede llevar a quienes sufren de ansiedad a establecer relaciones disfuncionales. La timidez y la ansiedad social pueden dificultar la formación de conexiones sanas y satisfactorias con los demás. Este miedo a expresarse puede afectar negativamente la calidad de las relaciones, generando dinámicas que no reflejan el bienestar emocional y la comprensión mutua.

### Problemas de salud

Los trastornos mandibulares, el bruxismo, los dolores de cabeza y el síndrome del intestino irritable pueden ser comunes en quienes viven con ansiedad. Cuando no se gestiona de manera efectiva, la ansiedad puede manifestarse a través de síntomas físicos, que afectan la salud general del organismo. Estas dolencias pueden estar relacionadas con el nivel de tensión muscular y estrés generado por la ansiedad, subrayando la importancia de abordar y gestionar adecuadamente este estado emocional para preservar el bienestar físico y mental.

## Problemas con las drogas y el alcohol

En un intento de aliviar su dolor emocional, algunas personas pueden recurrir al consumo excesivo de alcohol y al abuso de drogas como forma de escapar de su sufrimiento. Esta actitud autodestructiva representa una respuesta inadecuada a la ansiedad, ya que busca un alivio momentáneo a través de sustancias que, a largo plazo, pueden agravar la situación. Es crucial reconocer que el consumo excesivo de sustancias no aborda las raíces profundas de la ansiedad y puede provocar complicaciones tanto físicas como mentales. Esto subraya la importancia de adoptar enfoques más saludables para gestionar el estrés y la ansiedad, en lugar de buscar soluciones temporales que pueden tener consecuencias más graves con el tiempo.

## Absentismo laboral

Para evitar las situaciones que desencadenan su ansiedad, algunas personas pueden llegar a negarse a ir a trabajar, comprometiendo así su rendimiento laboral, su productividad y, en situaciones extremas, poniendo en riesgo su empleo. Esta actitud de evitación puede estar impulsada por el miedo a enfrentarse a los retos diarios, lo que conlleva importantes consecuencias en el ámbito profesional. Afrontar la ansiedad de manera saludable y buscar apoyo es crucial para preservar un entorno laboral positivo y sostenible.

## Suicidio

Debido a la vergüenza y a la disminución de la autoestima que conlleva la ansiedad, algunas personas pueden desarrollar sentimientos de odio hacia sí mismas, lo que les lleva a tener pensamientos suicidas. Este camino oscuro y peligroso es una manifestación grave de los efectos devastadores de la ansiedad sobre la salud mental. Es crucial enfatizar la importancia de buscar apoyo temprano de profesionales de la salud mental y de personas en situaciones similares para prevenir consecuencias trágicas y promover el bienestar emocional.

En conclusión, la ansiedad se manifiesta no solo a través de síntomas físicos, sino que penetra profundamente en nuestro bienestar psicológico, influyendo en diversos aspectos de la mente y el comportamiento. Su raíz suele estar relacionada con una evaluación distorsionada de los retos, con una sobrestimación de las amenazas y una infravaloración de las propias capacidades. El costo de la ansiedad es significativo y afecta negativamente la vida de quienes la padecen. Las oportunidades relacionales y laborales pueden desvanecerse debido a la timidez, las relaciones pueden verse comprometidas por el miedo a expresarse y pueden surgir problemas de salud física como consecuencia de una gestión inadecuada de la ansiedad. El abuso de sustancias, el absentismo laboral e incluso el riesgo de pensamientos suicidas pueden ser el resultado de una lucha continua contra la ansiedad. Para preservar el bienestar emocional y la calidad de vida, es fundamental afrontar la ansiedad de manera adecuada, buscar apoyo y adoptar enfoques saludables para gestionar el estrés.

# CAPÍTULO 2: MANIFESTACIONES Y CAUSAS DE LOS TRASTORNOS DE ANSIEDAD

Los síntomas de los trastornos de ansiedad pueden aparecer en distintos momentos de la vida, desde la infancia hasta la adolescencia y la edad adulta. Los signos más comunes de ansiedad intensa se manifiestan a través de sentimientos de tensión, nerviosismo e inquietud. Las personas con trastornos de ansiedad pueden experimentar una sensación constante de pánico y miedo ante un peligro inminente durante los momentos de mayor ansiedad.

Durante los picos de ansiedad, también es probable que experimenten sudoración, temblores, aumento del ritmo cardíaco y sensación de debilidad o fatiga extrema. Otros síntomas incluyen dificultad para concentrarse en cualquier cosa que no sean las preocupaciones habituales, problemas para dormir, evitación de situaciones desencadenantes y dificultad para controlar los sentimientos de preocupación.

Existen múltiples causas que subyacen al desarrollo de los trastornos de ansiedad. Algunas personas lo padecen debido a condiciones médicas como diabetes, dolor crónico, adicción a las drogas o al alcohol, trastornos respiratorios como asma o enfermedad pulmonar obstructiva crónica, tumores cerebrales que producen hormonas específicas de lucha, enfermedades cardíacas y problemas de tiroides como hipertiroidismo o hipotiroidismo.

El uso de ciertos medicamentos también puede contribuir a la ansiedad. Hay signos específicos que pueden indicar que la ansiedad de una persona está relacionada con una afección médica. Por ejemplo, la ausencia de antecedentes familiares de trastornos de ansiedad podría sugerir un origen relacionado con una condición médica. Otros signos de ansiedad vinculada a afecciones médicas podrían incluir la ausencia de trastornos de ansiedad durante la infancia y la aparición repentina de ansiedad no relacionada con eventos vitales específicos, sin una historia previa de ansiedad intensa.

Los eventos traumáticos pueden desencadenar ansiedad, que a menudo se manifiesta en forma de vergüenza. Las personas pueden experimentar ansiedad debido a problemas económicos o diagnósticos médicos graves, pero el núcleo de la ansiedad suele estar arraigado en el miedo a sentir vergüenza. Esto ocurre cuando una persona interioriza experiencias traumáticas pasadas de vergüenza, que suelen remontarse a la infancia.

La ansiedad relacionada con la vergüenza puede repercutir gravemente en la salud mental y física de una persona, alimentando su baja autoestima. Es normal que las personas experimenten cierta ansiedad o preocupación por cómo serán juzgadas por los demás, pero cuando esta ansiedad se convierte en ansiedad por vergüenza, puede conducir a una sensibilidad excesiva a las críticas, tanto reales como imaginarias, de uno mismo y de los demás.

Quienes padecen ansiedad por vergüenza pueden enfrentar problemas mentales y físicos, desarrollar fobias sociales o manifestar síntomas de codependencia. Por ejemplo, puede aparecer un comportamiento obsesivo de control hacia otras personas o adicción a sustancias.

Los hombres y las mujeres manifiestan ansiedad por vergüenza de formas distintas. Los hombres suelen experimentar esta forma de ansiedad relacionada con el trabajo, temiendo el fracaso o no ser considerados buenos trabajadores. Las mujeres, por su parte, pueden experimentar ansiedad por vergüenza relacionada con su apariencia y relaciones, ya que tienden a buscar el perfeccionismo para conseguir la aceptación de los demás.

La ansiedad por vergüenza también está relacionada con el abandono emocional. En situaciones de pérdida de intimidad, como un divorcio, una enfermedad o la muerte de un ser querido, las personas que sufren ansiedad pueden culparse a sí mismas, creyendo erróneamente que han cometido errores. Este patrón de pensamiento negativo se deriva de la ansiedad por vergüenza, que lleva a la percepción de rechazo por parte de los demás debido a supuestas insuficiencias. La muerte de un ser querido puede desencadenar sentimientos de abandono emocional, evocando situaciones similares vividas durante la infancia. En respuesta, quienes experimentan ansiedad por vergüenza pueden mostrar conductas autodestructivas hacia sí mismos antes de la muerte de la persona amada.

La carga del abandono emocional en el pasado desempeña un papel importante en la ansiedad futura de un individuo. Si, por ejemplo, una persona experimentó abandono emocional durante la infancia, puede albergar intensos temores y preocupaciones ante la posibilidad de revivir esos mismos sentimientos de soledad más adelante en su vida. A menudo, esta persona puede no ser consciente de que se encuentra en un estado constante de hipervigilancia. La ansiedad por vergüenza también se convierte en un compañero habitual del abandono emocional.

Varios factores ambientales pueden actuar como catalizadores en el desarrollo de la ansiedad, como el estrés laboral, la dinámica de las relaciones personales, las presiones escolares y una larga lista de responsabilidades diarias. La ansiedad puede exacerbarse si una persona se encuentra en una zona de gran altitud, donde los niveles de oxígeno son reducidos. Junto a los factores ambientales, también influyen las causas genéticas, ya que la presencia de un trastorno de ansiedad en un miembro de la familia aumenta la probabilidad de desarrollar un trastorno similar en otros miembros. Esta combinación de factores ambientales y genéticos también puede provocar cambios en la química y el funcionamiento del cerebro de una persona. Esto significa que la misma persona puede reaccionar de forma más impulsiva y activa ante desencadenantes que en el pasado no le habrían provocado ansiedad. Los psicólogos y neurólogos han descrito la ansiedad y los trastornos del estado de ánimo como trastornos relacionados con hormonas y señales eléctricas dentro del cerebro.

No sólo hay que identificar las causas que provocan el

desarrollo de un trastorno de ansiedad, sino que también es importante tener en cuenta los factores de riesgo que pueden aumentar la probabilidad de que una persona experimente esta forma de angustia. Entre los principales factores de riesgo se encuentra el trauma. Cuando un niño sobrevive a un abuso o presencia un acontecimiento traumático, corre un alto riesgo de desarrollar un trastorno de ansiedad más adelante en su vida. Esta vulnerabilidad también se encuentra en los adultos que han estado implicados en acontecimientos traumáticos, ya que también tienen un mayor riesgo de desarrollar un trastorno de ansiedad.

Otro factor de riesgo está relacionado con el diagnóstico de una afección médica. Como se ha señalado anteriormente, hay problemas médicos que pueden inducir ansiedad, pero también es cierto que cualquier problema de salud puede provocar niveles significativos de estrés. Es comprensible, por tanto, que una afección médica grave pueda desencadenar una preocupación considerable por el tratamiento y los aspectos futuros de la enfermedad.

Además de estar sometidos al estrés causado por afecciones médicas, los individuos pueden enfrentarse a situaciones estresantes generadas por acontecimientos significativos o por una serie de pequeñas tensiones cotidianas, y ambas pueden desencadenar una ansiedad intensa. Ejemplos de este tipo de situaciones son la pérdida de un ser querido o la preocupación persistente por asuntos económicos.

La personalidad de un individuo es un factor relevante en el riesgo de desarrollar trastornos de ansiedad. Todas las personalidades pueden estar expuestas a algún tipo de estrés o ansiedad relacionados con la vida, pero ciertos tipos tienen una mayor propensión a trastornos de ansiedad específicos. Por ejemplo, un individuo con una personalidad tipo A puede ser más propenso a experimentar estrés, preocupación y miedo al fracaso. Las personas con un tipo de personalidad B pueden manifestar preocupaciones por el futuro, mientras que las de tipo C pueden temer ser juzgadas y criticadas, lo que las hace más propensas al trastorno de ansiedad social. Por último, las personas con personalidad tipo D, caracterizada por la preocupación y el pesimismo, tienen un mayor riesgo de padecer un trastorno de ansiedad generalizada.

Otro factor de riesgo es la presencia de otros trastornos mentales. Es común que las personas que padecen trastornos mentales, como la depresión, desarrollen también una forma de trastorno de ansiedad.

Finalmente, las sustancias psicoactivas, tanto el abuso como la abstinencia, son otro factor de riesgo. Ambas situaciones pueden contribuir a empeorar los síntomas de ansiedad.

Además de conocer los factores de riesgo, es esencial que las personas sean conscientes de las posibles complicaciones asociadas a los trastornos de ansiedad. Estos trastornos no sólo causan preocupación, sino que también pueden desencadenar o intensificar otros síntomas mentales y físicos. Las posibles complicaciones a nivel mental incluyen depresión, abuso de sustancias y pensamientos suicidas. A nivel físico, pueden aparecer dificultades para dormir, aislamiento social, problemas con el trabajo o el rendimiento escolar y una mala calidad de vida en general.

La ansiedad normal se produce cuando uno está preocupado por un acontecimiento concreto. Por ejemplo, imagine que mañana tiene una entrevista de trabajo y se despierta más tarde de lo habitual. En este caso, es posible que experimente una sensación de ansiedad, ya que teme llegar tarde a la entrevista. Sin embargo, una vez que se vista y salga, al darse cuenta de que no llegará tarde, la tensión se desvanecerá y la ansiedad se disipará. Este tipo de ansiedad es completamente normal.

La situación cambia cuando se trata de ansiedad crónica, en la que la preocupación es constante e irracional. Las personas que padecen ansiedad crónica suelen tener una mente hiperactiva, constantemente alarmada por peligros inminentes. Esta condición dificulta que la persona reaccione de forma normal, ya que la preocupación tiende a nublar su capacidad de razonar. Los enfermos de ansiedad crónica sienten que están envueltos en una espesa niebla difícil de disolver. En este estado, uno nunca sabe qué etiquetará su mente como "peligro". En un momento puede sentirse bien, mientras que en el siguiente se hunde en pensamientos negativos. La mente puede identificar cualquier cosa como un peligro potencial, a menudo arraigada en traumas pasados.

Imagine que tiene que dar un discurso ante una multitud de miles de personas. Si no está acostumbrado a hablar en público, es posible que experimente ansiedad. Esto es normal, ya que una situación que no está acostumbrado a afrontar puede generar un poco de nerviosismo. Sin embargo, en el caso de una persona que sufre de ansiedad crónica, este tipo de situación puede hacer que pierda el control, sintiendo que su mente se siente abrumada y que su cuerpo empieza a responder de forma física a la sensación de amenaza, como si estuviera a punto de morir.

Este es el motivo por el que es fundamental comprender que, aunque la ansiedad es una emoción normal que todos experimentamos, los trastornos de ansiedad son enfermedades que pueden dañar la salud mental y física. Esto es especialmente cierto si no se busca ayuda para afrontar estos problemas, ya que pueden interrumpir los patrones de vida diaria.

# CAPÍTULO 3: ANSIEDAD SANA Y ANSIEDAD MALSANA

## Ansiedad positiva

Se trata de una ansiedad legítima. Tu radar de «mantengámonos vivos el mayor tiempo posible» ha detectado algo y ha decidido que podría ser un peligro real. La ansiedad positiva también incluye estar frente a eventos que causarían estrés a cualquiera, porque son realmente importantes y están fuera de tu zona de confort. Este tipo de ansiedad es lo que algunos podrían llamar miedo, y el miedo es una forma legítima de ansiedad.

Algunos ejemplos son:

- Pasear por un bosque donde habitan osos y decidir no usar la crema facial con miel que normalmente aplicas.
- Decidir que estás demasiado cansado para seguir conduciendo y parar a descansar en un motel.
- Sentirte un poco nervioso porque vas a hacer una presentación muy importante.
- Estar un poco nervioso antes de subir al escenario para dar un discurso.
- Decidir quedarte en el barco y no ir a nadar con el delfín inflable después de ver emerger una aleta de tiburón.
- Sentirte un poco ansioso al mudarte a un nuevo estado o país para comenzar un nuevo capítulo en tu vida.

- Sentir un poco de nerviosismo al casarte, al comenzar un nuevo trabajo, al convertirte en padre o madre, al hacer una inversión significativa, al dimitir, al ser abandonado, al solicitar el divorcio, etc.

La ansiedad positiva no puede ni debe evitarse. Sería estupendo que pudieras acudir a una entrevista de trabajo importante que puede hacer o deshacer tu carrera sin ni siquiera un atisbo de ansiedad, pero eso no ocurrirá, porque eres humano como todo el mundo. El truco está en no dejar que la ansiedad te frene; no dejes que te detenga o interfiera a la hora de dar lo mejor de ti, ya aprenderás a hacerlo más adelante.

Por ahora, toma nota mentalmente de que algunas formas de ansiedad están bien y que el objetivo no puede ser evitarlas por completo. Si la ansiedad está presente, lo mejor es aceptarla y llevarla contigo, porque una buena ansiedad puede ser tu compañera que te haga funcionar mejor.

¿Recuerdas el ciclo de lucha-huida que expliqué? Ese primer destello de ansiedad que sientes puede ser una llamada al rendimiento. Hay un punto más adelante en el ciclo en el que la ansiedad se vuelve debilitante y reduce drásticamente tu rendimiento. Sin embargo, ese primer destello de ansiedad es positivo, es lo que todo gran artista, atleta, hombre o mujer de negocios, actriz o actor siente antes de subir al escenario, a la sala de juntas o al campo de deportes. Esta primera sensación de ansiedad te hace estar mentalmente más alerta, te ayuda a pensar más rápido y a ser más eficaz.

Sin embargo, será crucial no dejar que la ansiedad aumente hasta el punto en el que la ansiedad positiva se convierta en ansiedad negativa.

## Ansiedad negativa

Se trata de una ansiedad debilitante que impide disfrutar de la vida. Si eres propenso a la ansiedad, la buena puede convertirse en mala con bastante rapidez.

La ansiedad negativa es como tener un coche deportivo muy

rápido, pero siempre pisando el freno y nunca experimentando toda la potencia que puede ofrecer el vehículo.

Puede ser el resultado de una ansiedad positiva que crece alimentada por diversas formas de pensamiento negativo, pero también puede surgir por sí sola basándose en experiencias pasadas que nuestro cerebro recuerda.

La ansiedad negativa no tiene fundamento; es el miedo a un peligro que no es real. Es un error, no está destinado a suceder y no sirve para nada, salvo para destruir la calidad de vida y pisar el freno.

Algunos de sus efectos secundarios son:

- Miedo y evitación de reuniones sociales.
- Evitar eventos de networking en los que no conoces a nadie.
- Evitar puentes, autopistas, túneles, conducir, volar.
- Sentir una extraña y creciente ansiedad al aumentar la distancia de casa u otros lugares seguros.
- No querer conducir a más de X kilómetros de casa.
- Evitar las multitudes.
- Evitar estar solo.
- Temer ciertos pensamientos que intentas no tener.
- Entrar en pánico al experimentar una sensación o síntoma corporal particular.
- Volverse loco por tener ciertos pensamientos que se consideran «anormales».
- Limitar la carrera profesional por miedo al cambio.
- Sentirse como un impostor, temiendo que otros descubran que no perteneces a ese lugar.
- Problemas de pareja, por necesidad emocional o celos excesivos.

Por supuesto, esta lista no es exhaustiva. Tu mente es tan creativa que puedes temer cualquier cosa que imagines.

Está claro que esta es la forma de ansiedad sobre la que tendremos que trabajar. Me centraré en cómo manejar la ansiedad positiva, cómo evitar que se convierta en negativa y cómo eliminarla si eso ocurre, más adelante en este libro.

Pero no te adelantes, porque es importante establecer primero las bases. Parte de lo que te ayudará a superar tus ansiedades y ataques de pánico es la información que estás recibiendo ahora mismo en la Parte 1.

Una mirada más profunda a los tipos más comunes de trastornos de ansiedad también puede ser una herramienta útil para que las personas enfrenten mejor el trastorno que padecen o que padece un ser querido. Se ha señalado que el trastorno de ansiedad generalizada es el miedo y la preocupación ante eventos y situaciones sociales; sin embargo, las circunstancias no solo se refieren a situaciones estresantes, sino también a eventos que interfieren en la vida cotidiana. Las preocupaciones pueden estar relacionadas con el trabajo, la familia, la salud y todo lo que tenga que ver con las finanzas. Aunque la persona suele preocuparse mucho por los ejemplos anteriores, también es posible que eventos menores de la vida cotidiana, como las tareas domésticas y llegar tarde a algo, sean el foco de la ansiedad. Cada uno de los ejemplos citados puede dar lugar a preocupaciones incontrolables, así como a la sensación de que algo terrible está a punto de suceder.

### Trastorno de ansiedad generalizada

El trastorno de ansiedad generalizada (TAG) afecta aproximadamente al 5% de la población general, alcanzando un máximo del 10% en los adolescentes, y suele ir asociado a la depresión. El TAG se caracteriza por una preocupación incontrolada por eventos y actividades que pueden tener un desenlace negativo. Una persona diagnosticada de TAG suele estar perturbada por la preocupación, lo que afecta su vida cotidiana, social y académica.

### Trastorno obsesivo compulsivo

El TOC es un trastorno de ansiedad frecuente entre hombres y mujeres que afecta aproximadamente al 2-2,5% de la población general: esto significa que de cada 100 niños, 2 o 3 desarrollarán el trastorno a lo largo de su vida. En Italia, unas 800.000 personas padecen trastorno obsesivo compulsivo (TOC). El TOC presenta síntomas a una edad temprana y sigue afectando a los niños hasta la adultez. Una persona con TOC tiene pensamientos persistentes y se obsesiona con eventos que le causan sufrimiento. Estas personas intentan resolver los problemas realizando una serie de acciones específicas y repetitivas; creen que un cambio en la forma habitual de completar tareas específicas les infligirá daño a sí mismos o afectará negativamente a los demás. Por ejemplo, si una persona se olvida de hacer algo importante, puede sentirse preocupada por que ese olvido provoque un mal resultado.

### Trastorno de estrés postraumático

Es probable que el TEPT afecte más a las mujeres que a los hombres. Muchas cosas pueden desencadenar el desarrollo del TEPT en una persona: una violación, la muerte de un hijo o la muerte inesperada de un ser querido, un accidente violento y la incapacidad de hacer algo bien en el pasado son desencadenantes comunes. Estadísticamente, el 65% de los hombres y el 46% de las mujeres que sufren una violación desarrollarán TEPT más adelante en su vida.

### Trastorno de pánico

El trastorno de pánico no requiere un desencadenante específico para desarrollarse, pero es un trastorno poco común asociado a síntomas repentinos de pánico. El trastorno de pánico casi nunca tiene un efecto duradero en una persona; la mayoría de las veces dura entre unos minutos y una hora.

### Trastorno social

Un pequeño porcentaje de la población mundial sufre esta desorientación. El trastorno de ansiedad social varía según la gravedad y la persona, y se caracteriza por el miedo a interactuar o socializar con personas desconocidas en un entorno diferente. Algunas personas se sienten socialmente atrapadas y tan limitadas por el miedo que incluso quieren evitar participar en ciertos eventos sociales, por pequeños que sean. Una persona con un posible trastorno social se priva de interacciones sociales y se siente incómoda durante el contacto físico. A menudo, estas personas evitan las interacciones sociales solo para no tener que enfrentarse a su ansiedad.

### Fobias específicas

Una persona con este tipo de trastorno de ansiedad puede tener ciertas preocupaciones o miedos ante una situación, actividad o animal. Estas personas se sienten ansiosas cuando se encuentran con una serpiente, cuando viajan en avión por primera vez o cuando suben escaleras. La respuesta racional a esto es el miedo, ya que estas situaciones o animales pueden suponer una amenaza para la seguridad personal.

### Trastorno de ansiedad por separación

Las personas experimentan ansiedad por la separación del hogar o de personas con las que tienen un fuerte vínculo emocional. Los niños suelen sufrir este trastorno de ansiedad entre los seis meses y los siete años de edad, pero también puede ocurrir en niños mayores. Este trastorno se caracteriza por una ansiedad excesiva ante la separación de figuras importantes en la vida de una persona, como los padres o cuidadores. La separación de un niño de su figura materna, por ejemplo, puede desencadenar este trastorno. Dependiendo del tipo de persona, este trastorno puede persistir durante mucho tiempo si no se trata adecuadamente. El trastorno de ansiedad por separación no debe verse como un problema de conducta, ya que es parte del desarrollo emocional de los niños y refleja su proceso de madurez en cuanto a las relaciones afectivas.

### Agorafobia

La agorafobia es un trastorno definido por el miedo a estar en entornos que una persona puede percibir como inseguros, donde las rutas de escape no son fácilmente accesibles. Una persona que sufre este trastorno presenta síntomas similares a los ataques de pánico, pero puede sentir una ansiedad generalizada ante la idea de estar en lugares abiertos o concurridos. Este trastorno puede limitar la capacidad de las personas para moverse libremente y hacer que eviten ciertos lugares o situaciones, a veces incluso quedándose en casa constantemente.

## Trastornos de ansiedad y factores de riesgo

Algunas personas corren el riesgo de sufrir trastornos de ansiedad debido a una combinación compleja de factores genéticos, ambientales y sociales. El diagnóstico depende de la duración de los síntomas, pero generalmente se diagnostica si los síntomas persisten durante al menos seis meses.

Para comprender tu ansiedad, primero deberás establecer los orígenes y el comienzo de cuándo comenzó. Piensa en la ansiedad como un malestar emocional que, al igual que una enfermedad, tiene sus causas y sus síntomas. Cuando los científicos intentan encontrar una cura para una enfermedad o virus en particular, primero buscan el origen de la enfermedad. Una vez que encuentran la fuente de la infección, pueden proceder a comprender contra qué están luchando y crear una cura. Lo mismo ocurre con nuestra ansiedad; necesitamos establecer la causa fundamental de por qué nos sentimos así. La mayoría de la gente simplemente dirá: "Siempre he tenido ansiedad, nunca hubo un momento en el que no me sintiera ansioso", cuando en realidad hubo un momento en el que estuviste libre de ansiedad al menos una vez. Siempre hay un desencadenante o catalizador que provoca los sentimientos de ansiedad: el abandono de tu pareja, la muerte de un familiar, un encuentro con un payaso, una araña, etc. Quizás nunca lo habías pensado o, en algunos casos, lo estás enterrando inconscientemente, pero de alguna forma hubo un episodio que desencadenó todo. Este capítulo abordará esta cuestión.

Este libro mostrará las tareas prácticas y la teoría detrás de tu ansiedad, y este capítulo será más práctico. Lo que tendrás que hacer es lo siguiente: toma un bolígrafo y un papel o abre una libreta en tu computadora. Luego, intenta pensar lo más atrás posible, recuerda cuándo todo empezó, retrocede en tu memoria hasta el momento en que las cosas estaban libres de ansiedad y trabaja en tus recuerdos hasta llegar a ese punto en el que empieces a encontrar recuerdos de ansiedad o pánico.

Una vez que identifiques cuándo pasas de recuerdos libres de ansiedad a recuerdos ansiosos, es cuando debes pensar detenidamente. Para algunas personas esto es fácil, quizás tengan un recuerdo traumático o triste de ese momento, mientras que para otras puede ser un recuerdo aparentemente insignificante en el que nunca antes habían pensado. Esta parte puede llevar algo de tiempo, pero intenta pensar en todo lo que puedas a medida que avanzas hacia los recuerdos ansiosos. Escribe los que te vengan a la mente y, una vez que tengas algunos recuerdos escritos, revísalos con calma para ver si surge algo más. Cuando escribes las cosas, tienden a aclararse y comienzas a ver conexiones que normalmente no notarías. El tipo de ansiedad que sientes generalmente está relacionado con una determinada situación que has vivido. Tenía agorafobia y ansiedad social, y la siguiente lista es lo que escribí y surgió cuando estaba haciendo este ejercicio:

- **Primer recuerdo:** divertirme y jugar con mis amigos cuando era pequeño.
- **Un recuerdo antes de que llegara la ansiedad:** quedarme despierto toda la noche y relajarme con amigos cuando era adolescente.
- **Cuando llega la ansiedad:** durante las vacaciones, estuve a punto de no llegar a tiempo al baño cuando viajaba en autobús.
- **Cuando llega la ansiedad:** en la escuela, con mucha gente alrededor y sin poder volver al baño.
- **Recuerdos ansiosos:** ataques de pánico antes de ir a la escuela y sensación de que no valía nada.

Como puedes ver en la lista, los recuerdos vividos pueden ser suficientes para que una persona empiece a experimentar ansiedad. Cada persona es diferente y tus recuerdos pueden ser completamente distintos a los de otra persona.

Es posible que hayas tenido un encuentro aterrador con un

payaso cuando eras pequeño y ahora tengas miedo de los payasos, mientras que otra persona los ama. Cuando recuerdes, asegúrate de ser sincero con todo lo que escribes, ¡porque este es un paso importante para combatir tu ansiedad!

Cuando descubras una situación que recuerdas y la reconozcas como un posible desencadenante de tu ansiedad, esta podría ser tu causa principal. Toda la ansiedad que sientes ahora se debe a una o más experiencias que tuviste. Para mí fue la situación del baño y, luego, cuando terminó la escuela, comenzó la ansiedad. Fue una combinación de situaciones que desencadenaron mi ansiedad. Para ti, podría ser solo una o quizás una combinación de varias. Nunca debes ignorar un recuerdo hasta que estés seguro de haber encontrado su desencadenante.

Puede ser difícil descubrir todo esto, pero piensa en tu vida sin dolor, miedo ni ansiedad.

Una vez que encuentres la causa raíz, es hora de pensar en cómo te sentías en ese momento; reflexiona sobre cómo te sentías entonces y cómo te sientes ahora, analiza cada detalle que puedas recordar y anótalo todo. Escribir tus emociones es una herramienta poderosa para descubrir cosas sobre ti mismo y comprender un poco más tu forma de pensar.

## Aborda tus desencadenantes

Ahora que has identificado la posible causa raíz de tu ansiedad, es hora de abordar los desencadenantes. Un desencadenante, explicado de manera sencilla, es un momento, un objeto o una situación que puede generar un ataque de pánico. Es un poco como una chispa que enciende una mecha, que rápidamente se descontrola. Lo mismo ocurre con la ansiedad: dependiendo del tipo de ansiedad que tengas, tu desencadenante puede ser completamente diferente al de otra persona.

Toma papel y lápiz y esta vez escribe sobre todas las veces que has estado ansioso o has tenido ataques de pánico a lo largo de tu vida. Esta será tu lista de desencadenantes. Cada vez que experimentes un nuevo ataque de pánico, apúntalo en la lista y, al final, deberías tener una buena recopilación de situaciones y factores que desencadenaron tu ansiedad.

Lo que debes hacer ahora es revisar tu lista de desencadenantes y tu lista de recuerdos, buscando cualquier similitud o diferencia. Si los desencadenantes coinciden con un recuerdo específico, márcalo. Una vez que encuentres un recuerdo marcado, es probable que esta sea la causa raíz de tu ansiedad.

Ahora que conoces la causa raíz, puedes abordarla claramente y ya no sentirte frustrado. Por fin, ya no tendrás razones para seguir ansioso. El beneficio adicional de conocer los desencadenantes es que podrás evitar esas situaciones en el futuro.

Sin embargo, si tu ansiedad no tiene una razón aparente o comienza a interferir con tu vida diaria, es posible que tengas algún trastorno de ansiedad que necesite tratamiento. La mejor manera de identificarlo es comprender si la ansiedad está afectando tu vida de manera significativa. Hay varias formas de saber si tu ansiedad es problemática. Empieza a hacerte las siguientes preguntas:

- **¿Esta ansiedad está afectando mis relaciones?** Si la ansiedad está causando problemas en tus relaciones, haciéndolas sufrir, porque es un tema recurrente que no se supera o porque eres demasiado inseguro para mantener una relación, podría ser un problema.
- **¿Mi ansiedad me impide rendir al máximo en mi trabajo o estudios?** Si la ansiedad está afectando tu desempeño en el trabajo o en los estudios, y está por debajo del promedio, podría ser un problema.
- **¿Mi ansiedad me distrae de lo que debería hacer?** Si sientes que la ansiedad está impactando directamente en tu capacidad para hacer las cosas, porque te pasas demasiado tiempo preocupándote, puede que tengas un problema de ansiedad.
- **¿Estoy evitando actividades que solía disfrutar debido a la ansiedad?** Si la ansiedad te está impidiendo disfrutar de pasatiempos que solías practicar o te está deteniendo de probar cosas nuevas, podría ser un signo de ansiedad problemática.
- **¿Me siento constantemente inquieto y nervioso, incluso cuando no hay una razón real para ello?** Si a

menudo sientes que te preocupas por algo negativo que podría suceder, sin tener evidencia o razón de que ocurra, puede ser que tengas ansiedad problemática.

- **¿A menudo exagero las cosas de lo que realmente son, incluso si mi percepción parece correcta en ese momento?** Cuando crees que las cosas están peor de lo que realmente son, es posible que tengas un problema de ansiedad.

Si alguna de estas preguntas te hizo pensar que sí o te detuviste a considerar alguna de ellas, es posible que en realidad estés ansioso, incluso si nunca antes lo habías notado. Lo que puedes hacer en esta situación es pedirle a un ser querido que te conozca bien que responda estas mismas preguntas sobre ti, para que tengas una idea más clara y comprendas si, en efecto, estás ansioso. Incluso si tú no puedes ver los síntomas, es muy posible que otras personas sí puedan verlos.

# CAPÍTULO 4: COSAS EN TU VIDA QUE TE FRENAN

Los trastornos de ansiedad generan estrés tanto en el cuerpo como en la mente y esto puede provocar muchos problemas, como dolor de espalda, dolor de estómago, dolores de cabeza, temblores, pensamientos intrusivos, depresión y pánico, entre otros.

Al embarcarse en el proceso de recuperación, es necesario realizar cambios importantes en su vida, ya que estos reducirán el estrés y le ayudarán a estar más concentrado. Una vez superada esta fase, te sentirás más relajado y podrás dormir mejor, tu sistema nervioso se calmará y comenzarás a sentirte menos ansioso.

Esta fase marca el comienzo del proceso de recuperación y te prepara para todo lo que sigue. Te recomiendo que sigas las instrucciones con el mayor cuidado posible.

### Toma una ducha caliente por la noche

Antes de acostarte, asegúrate de tomar una ducha caliente. Las duchas calientes alivian la tensión y las contracturas musculares. Deja que el agua caliente llegue a tus hombros, cuello y espalda; cuanto más potente sea el flujo de agua, mejor, pero lo más importante es el calor. Los estudios científicos han demostrado que tomar una ducha caliente aumenta los niveles de oxitocina, lo que alivia la ansiedad, ya que esta hormona se secreta cuando estamos enamorados y es conocida como la hormona de la felicidad.

Salir de una ducha caliente a un dormitorio más fresco provoca que tu temperatura corporal baje, lo que produce una sensación de tranquilidad y somnolencia, ralentizando las actividades metabólicas esenciales.

### Ir a la cama agotado

Cuando te vayas a la cama, asegúrate de estar lo suficientemente agotado como para conciliar el sueño; de lo contrario, te quedarás despierto pensando demasiado o preocupándote, y esto es contraproducente. Si esto sucede, levántate y haz otra cosa: doblar la ropa, ver la televisión, leer un libro, tomar un vaso de leche tibia o un poco de yogur pueden ayudarte a dormir.

### Añade alimentos que alivien el estrés a tu dieta

Añade nueces, pavo, camarones, queso, cerezas o jugo de cereza a tu dieta, porque estos alimentos contienen triptófano, que activa la melatonina, la hormona del sueño. La manzanilla es un excelente tranquilizante que puedes beber dos o tres veces al día, incluso antes de ducharte por la noche. El aceite de pescado omega-3 o las cápsulas son muy buenos para ti, pero también puedes utilizar aceite de coco para cocinar y como sustituto de la margarina o la mantequilla. Todos estos alimentos te ayudarán a aliviar el estrés.

### Cosas a evitar

Intenta evitar los siguientes factores estresantes:

- Cafeína
- Alcohol
- Drogas
- Comodidades
- Sobrealimentación

### Tomar una ducha por la mañana

Al despertar, comienza el día con una ducha de agua caliente durante unos minutos. Luego, baja repentinamente la temperatura, no hasta el punto de congelación, pero sí hasta unos 20°. Permanece allí durante dos o tres minutos (puede que te cueste acostumbrarte). Los estudios científicos han demostrado que este es un buen tratamiento para la depresión, porque el cambio brusco de temperatura activa el cuerpo, aliviando la fatiga y aumentando el estado de alerta mental.

### Hacer ejercicio

Si puedes, haz algo de ejercicio, incluso si tienes una agenda ocupada. Algunas personas tienen hijos, y la mayoría tiene trabajo, va a la escuela o ambas cosas. Trata de ser más activo: camina rápido, anda en bicicleta, nada o apúntate al gimnasio. Todo esto puede serte de gran ayuda, porque el ejercicio regular es bueno para el cerebro y también beneficia la salud en general.

### Respiración y visualización

Justo antes de ir a dormir, túmbate en la cama o en un lugar cómodo, asegúrate de que tu espalda esté recta, cierra los ojos y relájate.

Cuando te sientas cómodo, respira profundamente, lentamente, por la nariz, mientras cuentas hasta cinco. Mantén durante dos segundos. Exhala por la boca contando hasta cuatro, exhalando completamente y asegurándote de que tu respiración esté controlada.

Una vez que comprendas cómo hacerlo, podrás practicar visualizaciones mientras realizas el ejercicio de respiración. Imagina lugares o situaciones que te relajen, por ejemplo, piensa en sentarte en una playa: imagina que los rayos del sol calientan tu rostro, huele la brisa del mar, escucha el sonido de las gaviotas y el sonido de las olas rompiendo en la orilla. Usa tu imaginación para crear una escena pacífica.

¿Necesitas ayuda? Ve a YouTube y busca algo como "meditación relajante". Hay muchas grabaciones de meditación gratuitas en línea.

Puedes practicar el ejercicio de respiración con o sin visualización. Haz al menos diez repeticiones.

Es posible que notes que entran en tu mente pensamientos intrusivos u otras distracciones. Déjalos ir, no les prestes atención, no les temas, no significan nada y son completamente inofensivos.

Después de realizar este ejercicio, deberías sentirte relajado. Permanece en tu posición y cierra los ojos. Vuelve a respirar normalmente. Si estás cansado, puedes irte a la cama.

También puedes hacer este ejercicio al despertar y durante el día. Una vez que hayas terminado, continúa con tu día. Con la práctica, este ejercicio te ayudará a sentirte más relajado y menos ansioso.

Es importante implementar este paso en tu rutina diaria. Una vez que lo hayas convertido en un hábito, puedes pasar al siguiente paso. Ten en cuenta que tendrás que continuar con los ejercicios de esta fase durante todo el proceso de recuperación.

Si has seguido correctamente el paso anterior, deberías sentirte un poco más relajado, lo cual te ayudará a estar más receptivo cuando plantees el resto del programa. Te aconsejo que empieces los ejercicios de la primera fase y, además de ellos, implementes también los de la siguiente.

Deja de pedir calma y de hablar sobre tu ansiedad. No puedo expresar lo importante que es dejar de pedir calma a amigos y médicos y hablar con la gente sobre tu afección.

Definitivamente no deberías investigar sobre las condiciones de ansiedad, porque investigar es perjudicial para la recuperación e incluso puede empeorar el problema. Busqué calma durante más de un año y nunca logré ningún progreso. Iba de médico en médico y seguía llamando a amigos, y ni siquiera cuando los veía en la calle podía controlarme. Les pedía calma sobre mis pensamientos y sentimientos y si pensaban que algún día me recuperaría. Este comportamiento mantenía viva mi ansiedad e incluso empeoraba las cosas.

Hablaste con tu médico sobre el problema y te dijo que tienes ansiedad; no es necesario que vuelvas a preguntarle, deja de hacer eso.

La ansiedad en sí misma no puede hacerte daño. Tus pensamientos de miedo son solo señales erróneas de tu mente porque tienes ansiedad subyacente.

Conocí a un buen psicólogo que me explicó que las certezas y las conversaciones repetidas sobre la ansiedad la mantienen viva. Tuve que resistir la tentación de hacer estas cosas, aunque fueran muy fuertes, y tomé una decisión.

Quería recuperarme porque estaba cansada de tener ansiedad. No tuve más remedio que dejar de pedir calma. Entré en abstinencia, por así decirlo, pero aunque al principio fue difícil, gané confianza cuando noté que la ansiedad disminuía.

Hablar de la ansiedad puede ofrecerte alivio temporal, pero también te recuerda que la sigues padeciendo. Lo que queremos hacer aquí es ayudar al subconsciente a desactivar la ansiedad creando nuevas redes neuronales.

Esta fase de "dejar de hablar de ello" fue fundamental para mi recuperación y también lo será para ti, solo tendrás que implementar esta fase antes de seguir adelante.

La calma es beneficiosa hasta cierto punto. Cuando las personas experimentan ansiedad por primera vez, suelen sentirse asustadas y, naturalmente, hacen preguntas a sus amigos y médicos. Las preguntas sobre si la ansiedad es peligrosa, si se puede curar o si uno se está volviendo loco son preguntas clásicas para quienes padecen ansiedad, pero una vez planteadas, hay que aceptar las respuestas y no volver a preguntarlas.

Tener ansiedad no es un signo de debilidad ni un signo de locura, y ciertamente no es peligroso; significa que vienen a la mente muchos pensamientos y preocupaciones. Debes reconocer que estos son pensamientos erróneos, debido a un desequilibrio en los procesos mentales, y que son cambios creados por la ansiedad en primer lugar. Resolverás estos problemas siguiendo este sistema. Al reconocer esos pensamientos como señales erróneas, los desanimarás, lo que a su vez iniciará el proceso de recuperación.

Si sigues cada paso de este programa, te recuperarás, obligarás a tu cerebro a reconectarse y normalizarse, y reemplazarás las redes ansiosas por otras no ansiosas. El proceso se basa en una característica llamada "neuroplasticidad" y está científicamente probado.

De lo que has hecho hasta ahora, has acumulado algunas fortalezas y tienes más coraje cuando se trata de situaciones que tenderías a evitar o que te causan ansiedad. Dado que has eliminado algunos de los elementos innecesarios de tus listas, es más fácil concentrarse en los otros problemas con los que aún tienes que lidiar. Esta semana, todos los días deberás centrarte en ellos:

- Lee tu lista 2 o 3 veces al día.
- Registra tus niveles de ansiedad y tu progreso.
- Escribe tus preocupaciones hipotéticas.
- Expresa aquello por lo que estás agradecido.

Ha sido un proceso largo que te ha permitido aprender mucha información y técnicas que se enfocan en una amplia gama de situaciones. Aquí se le presentarán algunas técnicas adicionales que no son tan específicas como las que ha leído hasta ahora. Luego aprenderá estrategias que pueden aplicarse a una variedad de situaciones para desarrollar los cambios que desea ver y también aprenderá cómo mejorar la calidad general de su vida. Estas estrategias deben considerarse un complemento valioso en este libro, brindándole herramientas adicionales, con la esperanza de que pueda encontrar algo que realmente funcione para usted.

### Estrategias para aliviar la ansiedad

Cuando sufres de ansiedad, puede resultar fácil quedar tan absorbido por pensamientos y sentimientos negativos que sientes que no hay esperanza de liberarte de la negatividad. Te quedas tan atrapado en esa mentalidad negativa que temes quedarte allí para siempre; sin embargo, esto está lejos de ser cierto. De hecho, es posible aliviar la ansiedad. Esta sección le brindará cuatro formas más de encontrar alivio para la ansiedad en su vida y espero que algunas de estas estrategias le resulten útiles de alguna manera.

## Pensamiento realista

Este es un método más para controlar tus emociones y pensar con sensatez. Cuando participas en un pensamiento realista, identificas qué pensamientos son realistas y, si encuentras alguno que no lo es, los conviertes en algo razonable. Cuando haces esto, básicamente te aseguras de poder corregir los pensamientos que surgen rápidamente.

El primer paso en este proceso es saber en qué estás pensando, porque aquí es donde entran tus herramientas de atención plena: cuando usas estas habilidades, puedes identificar hacia dónde va tu mente y esto puede ayudarte a detectar todo tipo de asuntos pendientes y pensamientos poco realistas. Identifica cuáles de estos pensamientos te hacen sentir mal de alguna manera y trabaja sobre ellos. Por ejemplo, si te sientes devastado porque una cita salió mal, tienes un pensamiento poco realista, pero presta atención a cómo te hace sentir esto e identifica qué hay detrás. ¿Por qué te importa que la cita no haya ido bien? Sí, esto es similar a identificar automáticamente pensamientos negativos, pero, en realidad, eso es exactamente lo que debes hacer aquí, es decir, identificar ese pensamiento negativo para que puedas corregirlo con una frase corta.

Tu respuesta al estar molesto por la velada, tal vez, es que no quieres que tu pareja no se sienta amada o que siempre se va y que realmente quieres estar seguro de que esta es la pareja adecuada para ti. Cuando te detienes a mirar ese pensamiento, es posible que reconozcas que en realidad se trata de una reacción desproporcionada para una sola cita. Te dices a ti mismo que si una relación se ve afectada por una sola cita, entonces no vale la pena mantenerla. Al corregir ese pensamiento y hacerlo más positivo, esencialmente resuelves el problema en tu mente y eres capaz de calmarte un poco, porque en ese momento ves la verdad.

## Considere acudir a un terapeuta

A veces, lo mejor que puede hacer para la ansiedad persistente es buscar un terapeuta, pero es mucho más fácil decirlo que hacerlo: incluso si siente que no lo necesita, puede valer la pena pensarlo. Los terapeutas no son una pérdida de tiempo ni de dinero, son muy útiles porque pueden ayudarle a gestionar todo tipo de pensamientos negativos y garantizar que pueda manejarse mejor, independientemente de la situación. A través de estos procesos, obtendrás contenido personalizado que un libro no puede proporcionarte, recibirás retroalimentación en tiempo real, lo que te ayudará a comprender lo que estás haciendo y si estás cometiendo un error al realizar algo.

Si cree que considerar acudir a un terapeuta podría resultarle útil, debe programar una cita con su médico generalista para recibir asesoramiento u orientación. A veces, el sistema de salud público no cubrirá ningún tratamiento sin receta, y su médico también podrá asegurarse de que no existen causas físicas para los síntomas que tiene, particularmente debido a problemas cardíacos.

Una vez que tenga una receta o indicación para la terapia, puede comenzar a pensar qué tipo de terapia podría funcionar mejor para usted. ¿Quiere un terapeuta cognitivo-conductual? ¿Una terapia de conversación tradicional? ¿Otro tipo de terapia? Existen diferentes formas de terapia de ansiedad y, en última instancia, tendrá que elegir la mejor para usted. Una vez que haya tomado una decisión, deberá consultar qué profesionales de su zona están afiliados al sistema de salud público, o si no, qué profesionales están a su alcance.

Cuando finalmente conozcas al terapeuta, mantén la mente abierta y también ten en cuenta que tendrás que estar dispuesto a participar en el proceso. Es importante sentirse seguro y cómodo con la persona con la que estás hablando. Sin embargo, en muchos casos es difícil juzgar justo después de una sola sesión, así que es recomendable reunirse con el terapeuta al menos dos veces antes de decidir que no es el adecuado para ti. Encontrar a la persona adecuada es fundamental si quieres asegurarte de que tu camino terapéutico sea realmente eficaz.

## Juego con el peor escenario

Otra técnica, que algunos encuentran útil para controlar la

ansiedad, es imaginar el peor escenario posible para cualquier situación que les cause ansiedad. En este caso, te desafiarás a ti mismo a imaginar el peor final posible. Por ejemplo, si estás ansioso por un divorcio, puedes detenerte y considerar cuál sería el peor escenario posible, planificando exactamente lo que sucedería. Tal vez te preocupe que tu futuro ex obtenga la custodia total de los niños y conserve la casa, dejándote con una pensión alimenticia que nunca verás, mientras tus hijos se alejan de ti.

Detente y reflexiona sobre esta situación, considera cuán realista es. ¿Con qué frecuencia los padres pierden todo contacto con sus hijos, a menos que estén haciendo algo que no sea bueno para ellos? ¿Con qué frecuencia oyes acerca de personas que consumen drogas y no pueden conservar la custodia de sus hijos o que abusan de la custodia de los niños? ¿Qué posibilidades hay de que tu ex te lleve a los niños y se escape? ¿Por qué querría tu ex hacer algo tan malo a tus hijos, quienes se beneficiarían de la presencia de ambos padres, salvo que haya abuso o negligencia?

Cuando analizas la situación, comienzas a darte cuenta de que las posibilidades de que el peor de los casos realmente suceda son extremadamente escasas. Esto te dará la tranquilidad que necesitas para seguir adelante sin más ansiedad sobre el asunto.

### Llevar una situación hasta su conclusión

El último de los métodos para afrontar la ansiedad que aprenderás es llevar una situación hasta su conclusión. En este caso, tendrás que pensar en tu miedo y permitirte imaginar lo que realmente sucederá en esa situación en particular. Por ejemplo, quizás tu miedo es que mañana, cuando vayas a trabajar, te despidan porque llevas una semana enfermo y te has atrasado en mucho trabajo. Tu ansiedad te mantiene en vela, y sabes que necesitas dormir, pero no puedes.

Lo que debes hacer es detenerte, pensar en ese miedo y luego analizar cómo crees que será. Si tienes miedo de que te despidan cuando llegues a la oficina, imagina lo que realmente crees que sucederá. Tal vez te imaginas llegar y ver a tu jefe acercándose. En lugar de pensar que vendrá y te dirá que necesitas hablar en privado, imagina que te preguntará si te sientes mejor, que te dirá que todos te extrañaron y que no mencionará tu baja por enfermedad, porque es un buen jefe y entiende que a veces la gente se enferma.

Al pensar en un final realista, puedes compararlo con el peor escenario que habías imaginado para esa situación en particular. Al mirar las dos opciones, te das cuenta de que todo va a estar bien. Sabes que ser despedido es una posibilidad, pero siempre lo es. Siempre te pueden despedir de cualquier trabajo, por cualquier motivo. Ahora podrás relajarte un poco y decirte a ti mismo que todo estará bien, lo que te permitirá finalmente conciliar el sueño y descansar lo que necesitas.

## Estrategias para mejorar la calidad de tu vida

Ahora, te guiaré por varios pasos para mejorar tu calidad de vida. Estas son otras formas que pueden ayudarte, que no están diseñadas específicamente para la ansiedad, pero que pueden ayudarte a encontrar más placer y valor en tu vida. A medida que avanzas en este proceso y sigues estas cuatro actividades diferentes, imagina cómo podrías aplicarlas a tu vida, para que sea como quieres que sea. Quizás te des cuenta de que hay varias formas de aumentar la positividad en tu vida, lo que podría tener el agradable efecto secundario de disminuir tu ansiedad.

## Entendiendo el lenguaje corporal

Al aprender a leer mejor el lenguaje corporal de los demás, hacemos dos cosas importantes. Primero, aprendemos a leer las señales de los demás para saber lo que piensan en todo momento. Segundo, desarrollamos habilidades para actuar, de modo que nuestras acciones estén directamente vinculadas con el estado de ánimo que nos gustaría tener. Recuerda practicar hasta que puedas hacerlo de forma automática, y cuando hayas hecho el esfuerzo de aprender a leer el lenguaje corporal de otras personas, serás capaz de utilizar mejor el tuyo propio. Además, empezarás a reconocerlo al aprender lo que significa, y al hacerlo, comprenderás mejor los estados de ánimo de los demás, especialmente cuando generalmente es difícil entenderlos.

### Estudiar la inteligencia emocional

El último consejo que recibirás en este libro es aprender a convertirte en una persona más inteligente emocionalmente, para que seas capaz de relacionarte mejor en contextos sociales. Podrás controlar tus emociones y comportamientos, asegurándote de actuar correctamente en cualquier situación. También estarás empezando a fortalecer tu confianza y a pensar que necesitas adquirir las habilidades necesarias para mantener la ansiedad bajo control. Al aprender a ser emocionalmente inteligente, estás dando un paso hacia tu superación, reconociendo que eres capaz de lograrlo y que siempre encontrarás una salida, por pequeña que sea, porque esa luz puede guiarte hacia una experiencia de aprendizaje que podría ser increíblemente beneficiosa para ti.

# CAPÍTULO 5: ENFOQUES COGNITIVO-CONDUCTUALES

## Motivación para el cambio

Algunas personas enfrentan dificultades para motivarse al cambio relacionado con su ansiedad, quizás porque los obstáculos que deben superar parecen demasiado grandes. Normalmente, al planificar un cambio, las personas pasan por cinco etapas:

### Precontemplación

En la fase de precontemplación, se reconoce que es posible reducir la ansiedad, pero aún no hay un compromiso firme para realizar un cambio.

### Contemplación

En la fase de contemplación, se planea trabajar para reducir la ansiedad en el futuro, pero no se han emprendido acciones concretas para lograrlo.

### Preparación

En la fase de preparación, se pasa a la planificación activa de cómo se reducirá la ansiedad en un futuro próximo.

### Acción

Durante la fase de acción, se trabaja activamente para implementar un cambio relacionado con la ansiedad.

### Mantenimiento

En la fase de mantenimiento, se esfuerza por evitar recaer en los viejos patrones de pensamientos y comportamientos ansiosos.

Si estás leyendo esta parte, probablemente ya has lidiado con las dos primeras fases y estás planeando activamente cómo abordar tu ansiedad. Si aún te resulta difícil comprometerte con el cambio, hazte las siguientes preguntas y escribe tus respuestas en el espacio proporcionado:

*¿Cuáles son los pros y los contras de abordar mi ansiedad?*

--------------------------------------------------------------------------------

--------------------------------------------------------------------------------

--------------------------------------------------------------------------------

--------------------------------------------------------------------------------

-------------------------------------------------------

*¿Cómo será mi vida dentro de 20 años si sigo teniendo ansiedad?*
*¿Cómo será mi vida si ya no la tengo?*

--------------------------------------------------------------------------------

--------------------------------------------------------------------------------

--------------------------------------------------------------------------------

--------------------------------------------------------------------------------

-------------------------------------------------------

### Comprométete a mejorar

Aunque he intentado que este libro sea lo más sencillo posible, depende de ti comprometerte a mejorar. Es probable que, durante las próximas siete semanas, la vida te presente desafíos, pero no dejes que esto te desanime. Dedica tiempo para enfrentarlos, así como lo haces para hacer ejercicio, comer bien y descansar lo suficiente, porque tu salud mental merece la misma atención.

Marca una "X" en el calendario una vez a la semana y luego encierra en un círculo rojo la fecha de finalización para tener una fecha límite, y recuerda que solo son siete semanas. El tiempo pasará de todos modos, así que es mejor que progreses.

Los hábitos son el alma de la vida cotidiana. Todos los tenemos. Te guste o no, consciente o inconscientemente, los hábitos forman parte de nuestro día a día de una manera que resulta insustituible.

Como máquina productiva, la mente y el cuerpo humano son muy eficientes, y parte de esto se debe a que tenemos hábitos. Imagina lo complicado que sería tener que pensar cada cosa manualmente: tendrías que esquematizar mentalmente las tareas más mundanas, como levantarte, caminar hasta la cocina, etc.

Los hábitos son útiles, pero si los construimos mal, pueden arrastrarnos a una espiral descendente. Tendrás que salir de tu zona de confort y cambiar aquellos hábitos que han afectado negativamente tu salud y tu estado mental.

## Identifica tus pensamientos

Piensa en una situación reciente en la que experimentaste una ansiedad intensa. Tal vez hayas identificado una en tu diario de preocupaciones que puedes usar aquí como ejemplo.

¿Qué acontecimiento identificaste? Piensa en ello de la manera más vívida posible. ¿Quién estaba allí, dónde te encontrabas, a qué hora del día? Los acontecimientos pueden ser situaciones, pero también pensamientos o recuerdos.

A continuación, reflexiona sobre las consecuencias de la situación en términos de sentimientos y comportamientos. ¿Qué sentimientos experimentaste y qué acciones llevaste a cabo? Escribe tus pensamientos en el espacio siguiente.

Elige el sentimiento o emoción que te haya parecido más fuerte en relación con el acontecimiento y rodéalo con un círculo.

-------------------------------------------------------------------------------------

-------------------------------------------------------------------------------------

-------------------------------------------------------------------------------------

-------------------------------------------------------------------------------------

----------------------------------------------------------

Ahora, tómate un momento para profundizar e identificar los pensamientos, actitudes, percepciones o expectativas que tuviste durante esta situación. Si te cuesta identificar tus pensamientos, reflexiona sobre qué tipo de pensamientos podrían haber contribuido a los sentimientos que experimentaste. Tómate un momento y escríbelos. Elige el que más te incomode y rodéalo con un círculo.

-------------------------------------------------------------------------------------

-------------------------------------------------------------------------------------

-------------------------------------------------------------------------------------

-------------------------------------------------------------------------------------

----------------------------------------------------------

## Hábitos saludables

Adoptar hábitos positivos siempre es difícil al principio, así que no te castigues demasiado. Debes darte cuenta de que tus hábitos actuales han tardado tiempo en formar parte de tu rutina, por lo que adoptar nuevos hábitos también te llevará algún tiempo.

La clave para la formación de hábitos, e incluso para su revalorización, es la constancia, porque con constancia, un hábito puede formarse o modificarse a voluntad, ya que es el combustible sobre el que se construyen los hábitos y la base sobre la que se asientan.

Antes de ver algunos de los hábitos que creo que te serán útiles, es importante que te comprometas DIRECTAMENTE a no rendirte, a ser constante y a mantener una actitud positiva.

## Alimentación saludable

El primer hábito que debes adoptar es comer bien.

Por "comer bien" me refiero a consumir alimentos que beneficien tu cuerpo y tu mente, que te impulsen hacia una vida sana y feliz, alejándote de visitas al médico y enfermedades.

Mantente hidratado llevando siempre contigo una botella de agua y asegurándote de beber cada hora. La hidratación cambia las reglas del juego en lo que respecta a la salud. ¿No te lo crees? Prueba a hidratarte adecuadamente durante 30 días seguidos y verás lo bien que te sientes; definitivamente no querrás volver a sentirte deshidratado y aletargado nunca más.

Comer saludablemente es un hábito difícil de adoptar, pero afortunadamente vivimos en una época en la que hay muchas recetas saludables y deliciosas disponibles en la red que se preparan en tan solo media hora. Tienes muchas responsabilidades que requieren energía y te dejan poco tiempo, así que cocinar puede ser una excelente forma de relajarte y preparar raciones para dos comidas, lo que reduce el tiempo total dedicado a la preparación de alimentos en comparación con descongelar y cocinar productos enlatados o precocinados.

## Sonreír

Serotonina. Si quieres más de esta sustancia química en tu vida, créeme, y no, no tienes que gastar tu dinero duramente ganado para conseguirla. No necesitas preguntarle a un farmacéutico o a un herbolario cuál es la mejor manera de ingerirla.

En lugar de eso, todo lo que tienes que hacer es sonreír.

Al sonreír, liberas serotonina de forma natural, porque una sonrisa puede alterar tu estado de ánimo. No tienes que esperar a sentirte feliz para sonreír. Si sonríes, liberas serotonina y te sientes feliz. A veces puede que necesites un motivo para sonreír, así que piensa en una película divertida que te guste o en alguna tontería que hayas presenciado o, aún más divertido, en alguna tontería que hayas hecho alguna vez.

Al hacerlo, escucharás que llaman a la puerta de tu mente: es un pensamiento feliz, déjalo entrar, permite que ese sentimiento siga su curso y descubrirás que tienes una sonrisa genuina en tu rostro.

Cuando sonríes, no solo te beneficias tú, sino también todos los que te rodean. Tu sonrisa puede ayudar a relajar a quienes te acompañan. Además, sentirán tu energía y, como los seres humanos somos una especie imitadora, puede que incluso empiecen a sonreír ellos mismos. Créeme, sonreír no solo es gratis, sino que es la solución definitiva para sentirse bien, así que sonríe ¡y MUCHO!

## Dormir

Dormir es un misterio. Sabemos que es vital descansar lo suficiente, pero los científicos aún no han podido determinar las razones exactas por las que es tan necesario.

Los conductores de camiones ya están obligados por ley a detenerse y descansar, y con los riesgos que esto conlleva, no es de extrañar que los policías también controlen a los conductores habituales por si sienten sueño.

Quizás te sientas presionado porque no puedes dormir al menos ocho horas, pero la buena noticia es que esta norma no se aplica necesariamente a todos.

El número de horas que necesitas depende de muchos factores y no debes sentirte obligado a dormir exactamente ocho horas, porque la mayoría de las personas pueden arreglárselas incluso con seis horas de sueño. Puedes cambiar algunos hábitos o comportamientos que te ayudarán a conciliar el sueño más rápido y a mejorar la calidad del descanso.

Estas sencillas mejoras en tu rutina diaria te ayudarán a conseguir el descanso que necesitas:

- No uses ningún dispositivo electrónico al menos una hora antes de acostarte. Es importante preparar tu cuerpo para el sueño.
- No veas la televisión al menos una hora antes de acostarte, incluidos los lectores de libros electrónicos. Dedica esta hora a preparar tu cuerpo para el sueño leyendo un libro mientras disfrutas de una taza de té

de hierbas.

- No comas nada al menos dos horas antes de acostarte. Planifica tu día de modo que la última comida no sea demasiado tarde. La noche es el momento de prepararse para dormir, así que evita la cafeína.
- Omite el café o el té negro durante la cena y bebe en su lugar agua o infusiones de frutas, evitando los zumos de frutas, ya que tienen un alto contenido de azúcar. Consumir bebidas con cafeína dificulta conciliar el sueño y, una vez dormido, la cafeína tiende a provocar pesadillas.
- Elimina las fuentes de luz del dormitorio. Haz que tu habitación esté lo más oscura posible durante la noche. Debido a la gran cantidad de dispositivos que contiene el hogar moderno, tu dormitorio puede parecer el panel de control de una nave espacial por la noche. Cubre también todas esas luces intermitentes.
- Acuéstate a una hora constante. Tu cuerpo entrará en un patrón y conciliar el sueño será automático. Puede que te inclines por quedarte despierto hasta tarde los fines de semana para ponerte al día con la serie que te perdiste durante la semana laboral, pero deberías acostarte y despertarte a la misma hora también durante el fin de semana.
- Haz ejercicio. Aumentar la actividad física mejora el estado de ánimo, la salud y reduce el riesgo de desarrollar insomnio.
- Dedica cinco minutos antes de acostarte a escribir tu agenda para el día siguiente. Estudios recientes han demostrado que hacer una lista de tareas «descarga» los pensamientos sobre las tareas pendientes, lo que reduce la preocupación y permite conciliar el sueño más rápidamente.

Además, el alcohol tiene un efecto negativo directo sobre los órganos y el sistema nervioso. Cualquier alivio a corto plazo que puedas sentir al beber alcohol es efímero, ya que es rápidamente sustituido por una oleada de ansiedad. Beber alcohol para descansar bien es como fumar unos cigarrillos para mejorar el rendimiento en una maratón. El alcohol bloquea el sueño REM y afecta la producción normal de sustancias químicas en el organismo. Terminas despertándote sin haber conseguido el descanso que necesitas. Puede que pienses que necesitas dormir más tiempo, pero la verdadera solución es eliminar el alcohol y la misma cantidad o incluso menos tiempo de sueño te permitirá conseguir el descanso con el que llevas tanto tiempo soñando.

Imagínate despertándote lleno de energía y bien descansado.

Esta razón por sí sola es suficiente para dejar de beber. El uso de somníferos es un tema delicado porque la lista de posibles efectos secundarios es muy extensa. Estudios a largo plazo demuestran que los somníferos pueden aumentar el riesgo de infarto en un 50%, poniendo en riesgo tu salud por unos beneficios muy limitados. Si en este momento confías en los somníferos, sé consciente de los riesgos que conllevan y utiliza, en su lugar, las tácticas que hemos comentado y espera que pronto puedas dormir sin recurrir a fármacos.

### Actividad física

La progresión del trastorno de ansiedad puede estar relacionada con una disminución de la actividad física. Crear una rutina diaria es tentador, pero a menudo resulta agotador. Te levantas, vas a trabajar, regresas a casa, ves la tele o juegas, y al final del día te sientes exhausto. Esta percepción de falta de tiempo es un gran obstáculo. Para la mayoría de nosotros, la única opción parece ser hacer deporte o descansar, pero este dilema se resuelve al enfrentar la resistencia inicial.

Estos hábitos requieren un seguimiento consciente de tus costumbres y un cambio en la manera en que pasas tus días, noches y tardes. Para mejorar tu salud física y mental, el ejercicio es una herramienta poderosa. Todos estos hábitos saludables son útiles, pero solo si implementas algunos de ellos, verás resultados significativos, ya que los hábitos positivos amplifican sus efectos.

Comer y dormir bien aumentan tus niveles de energía, brindándote el impulso necesario para hacer ejercicio. Hacer ejercicio no significa pasar al menos una hora al día en el gimnasio; se trata de incrementar tu actividad física diaria. Puede que no dispongas de tiempo ni dinero para el gimnasio, pero pequeños cambios en tu rutina diaria pueden proporcionar resultados sorprendentes. Una solución a la falta de tiempo para hacer ejercicio es sustituir actividades actuales: en lugar de ver televisión, opta por salir a caminar o correr. Durante la pausa para el almuerzo, podrías salir a comer y utilizar el tiempo restante para dar algunas vueltas a la manzana.

Este simple cambio en tu rutina puede hacer maravillas. Regresarás al trabajo renovado y lleno de energía para completar tus tareas, en lugar de sentirte cansado durante el resto del día. A menudo, nos concentramos en los obstáculos y no nos damos cuenta de las soluciones que tenemos delante. Pasar tiempo al aire libre y hacer un poco de ejercicio actúa como un botón de reinicio. Descansar es tan importante como trabajar. Hacer ejercicio y estar al aire libre te permite desconectarte de tus responsabilidades, lo que a su vez mejora tu eficiencia. Esto reducirá el estrés y la sobrecarga, ya que podrás cumplir con tus tareas a tiempo y evitar errores. Trabajar cansado puede ser más perjudicial que no hacer nada, ya que aumentas la probabilidad de cometer errores que luego tendrás que corregir. El ejercicio y el descanso te ahorrarán tiempo y fortalecerán tu sistema inmunológico, ayudándote a combatir infecciones.

Camina a todas partes, sube escaleras y aprovecha cualquier oportunidad para mantenerte físicamente activo. Lo mejor que puedes hacer es unirte a un equipo deportivo de cualquier tipo, ya sea baloncesto, fútbol o cualquier otro deporte en grupo. Ser parte de un equipo proporciona apoyo mutuo, te permite pasar tiempo con nuevos amigos y aumenta tu resistencia, ya que estarás comprometido con un grupo y sentirás que perteneces a él. Rendir cuentas a los demás puede ser a menudo lo que nos impide rendirnos: la capacidad de ser responsables ante alguien fomenta el carácter y lo fortalece.

Como mencioné, las redes sociales se han convertido en la distracción más común. Todos sabemos que la tecnología juega un papel enorme en nuestras vidas y creo que también es la raíz de la procrastinación. Desde que existe la tecnología, no tienes que preocuparte por acabar con tu hábito de procrastinar. ¿Por qué? Porque hay muchas maneras de superar la tendencia a posponer tareas. Si bien la motivación puede ayudarte, las aplicaciones y herramientas son prácticas y eficaces. Si buscas las mejores técnicas contra la procrastinación, debes saber que existen muchas.

## Pequeños hábitos, grandes cambios

Ya sabes que los pequeños hábitos tienen un gran impacto en tu vida. Por ejemplo, si te cepillas los dientes dos veces al día, no notarás cambios inmediatos, pero a medida que envejezcas, tendrás dientes más saludables. Al practicar hábitos sencillos, los resultados pueden no ser evidentes al principio, pero aparecerán con el tiempo. Aquí hay algunos consejos que deberías seguir:

### Sé organizado

¿Crees que los planes no pueden mejorar tu productividad? Prueba a crear un plan, tal vez para el trabajo que tienes esta semana o lo que debes terminar para mañana, y cíñete a él. Puede parecer sencillo, pero un plan bien estructurado organiza tu trabajo y te ayuda a entender el proceso. Si enfrentas un proyecto enorme y no lo divides, puede ser desalentador, lo que puede llevar a la procrastinación. Por suerte, hay muchas herramientas y aplicaciones que te ayudarán a organizar tu trabajo (hablaremos de eso más adelante).

### Simplifícalo

Otro motivo común para la procrastinación es la complejidad de las tareas. Algunas pueden ser complicadas, pero eso no significa que no puedas simplificarlas. Establece objetivos simples y alcanzables. En lugar de decir "Voy a terminar el proyecto", di "Hoy voy a terminar la primera parte del proyecto". Cuando lo planteas como algo sencillo, en realidad lo será.

### Crea un cronograma

Una vez que tengas un objetivo, es crucial programarlo, ya que el trabajo programado tiene un mayor índice de finalización. Divide tu trabajo en partes y establece plazos. Si te pones una fecha límite, puedes completarlo antes de que el plazo real te agobie. A veces, la vida te presenta situaciones inesperadas, por lo que terminar antes de la fecha límite te ayudará a mantener la calma.

### Deja a un lado las distracciones

Identifica lo que te distrae. Si eres adicto a Facebook, evita tener el móvil cerca hasta que termines tu trabajo. Si te gusta Instagram, desconéctate hasta que acabes. En el momento en que recibas una notificación, querrás revisar tus mensajes, así que lo mejor es apartar todas las distracciones y concentrarte en tu trabajo.

### La técnica del tomate

Este método consiste en trabajar durante 25 minutos y luego tomar un descanso de 5. Muchos lo consideran eficaz para combatir la procrastinación, y en mi opinión, es una técnica fantástica que puede ayudarte a ser más productivo. Durante tu descanso, no te distraigas; haz algo relajante, como escuchar música o caminar, pero asegúrate de que la actividad que elijas te haga sentir bien sin desviar tu atención del trabajo.

### Recompénsate

A nadie le desagrada recibir recompensas. Te recomiendo que te premies cuando cumplas con tu programa. Por ejemplo, si te fijas el objetivo de escribir 2,500 palabras en 5 horas, ¡recompénsate cuando lo consigas! Puede ser un helado o un episodio de tu serie favorita, pero asegúrate de volver a la rutina después de disfrutar la recompensa.

### El mito de hacer primero lo difícil

Probablemente hayas oído que es mejor comenzar por lo más difícil y luego seguir con las otras tareas. ¿Realmente? Permíteme preguntarte de nuevo, ¿en serio? Esta regla no funciona para mí. Si a ti te funciona, perfecto, pero piensa en el concepto subyacente. Cuando te enfrentas a tareas que puedes realizar, te sientes más motivado para abordar también las más difíciles. Si la tarea parece abrumadora, es probable que retrases su inicio, así que normalmente es mejor comenzar con lo manejable.

Estos son los pequeños hábitos y cambios que debes incorporar para ser más productivo, pero hay muchos otros consejos contra la procrastinación que quiero compartir contigo.

## La técnica para empezar

Si deseas hacer algo, debes comenzar. La gente tiende a aplazar el inicio de un proyecto, por lo que es crucial no subestimar las técnicas para comenzar. ¿Cómo hacerlo? Iniciar un proyecto no es fácil. Siempre que vayas a realizar una tarea, necesitarás algo que eleve tu estado de ánimo. Al principio, puede ser difícil, pero una vez que te sumerjas en la tarea, empezará a parecer posible. Compara cómo te sientes cuando inicias una tarea y cómo te sientes al posponerla.

Iniciar el proyecto es vital, así que no importa si solo trabajas en una pequeña parte. Hay un truco para mantener tu mente centrada en el objetivo. Mantenerte pensando en el trabajo puede llevarte a empezar, porque pensar puede ser agotador. Por ejemplo, supongamos que tienes que editar un artículo. Si no comienzas, nunca terminarás. Así que toma el borrador y comienza a cambiar algunas palabras. Con el tiempo, podrás modificar las secciones principales y casi completar el artículo sin forzarte, ¡lo cual es increíble!

También puedes usar un temporizador. ¿Qué puedes hacer si no puedes empezar? Sencillo, pon el temporizador a diez minutos o menos y, una vez que empiece, simplemente quédate sentado. Es un truco fácil, porque una vez en tu espacio de trabajo, es difícil no comenzar a trabajar.

Estos trucos y consejos pueden ayudarte a mejorar tu productividad. El mantra más sencillo es ¡EMPEZAR!

## Herramientas y aplicaciones útiles

Ahora que ya has aprendido casi todos los métodos y trucos posibles, es momento de que te familiarices con las herramientas y aplicaciones disponibles. Vencer la procrastinación no será fácil, pero la tecnología, a la que en algún momento quizá culpaste por tu falta de motivación, ahora puede ser tu gran aliada. Existen muchísimas herramientas y aplicaciones entre las que elegir, pero solo hablaremos de algunas en las que realmente puedes confiar.

### Procraster

Esta es una de las aplicaciones diseñadas para ayudarte a vencer la procrastinación. Te acompañará durante todo el proceso, proporcionándote respuestas y consejos adecuados según tu situación. Encontrarás un ritmo adecuado para tu trabajo, y además podrás consultar tus estadísticas de productividad, lo que te motivará aún más a alcanzar tus objetivos.

### Freedom

Esta aplicación te proporciona tranquilidad al ayudarte a concentrarte en lo importante y evitar distracciones. Una vez que la aplicación haga esto por ti, te será más fácil concentrarte en tus tareas. Muchas personas procrastinan porque se distraen con actividades que les resultan más entretenidas. Por ejemplo, supongamos que estás trabajando en un proyecto, pero en medio de ello te pones a desplazarte por las noticias de Facebook, ¿crees realmente que podrás dar lo mejor de ti? Lo dudo. Cuando tu atención está dividida entre varias actividades irrelevantes, no puedes rendir al máximo. La aplicación Freedom te ayudará bloqueando sitios como Twitter, Facebook y otras páginas que consumen mucho tiempo, por lo que es una herramienta indispensable.

### Todoist

Esta es una de las aplicaciones más populares que probablemente ya conozcas. La procrastinación a menudo surge cuando no tienes un plan bien definido o no sabes cuál es la siguiente tarea que debes hacer. Si tienes un plan estructurado, serás capaz de seguir el progreso de tus tareas, y con la ayuda de Todoist, podrás crear un calendario para organizar tu trabajo. Puedes utilizar esta app para hacer un seguimiento de tus tareas y sincronizarlas con tu teléfono móvil y otros dispositivos.

### Spotify

Aunque quizá no lo pienses como una herramienta de productividad, esta aplicación puede ser útil para mantenerte entretenido mientras trabajas. Si te sientes abrumado o aburrido con tus tareas, escuchar música en Spotify puede ayudarte a combatir la procrastinación. Además, si seleccionas canciones motivadoras, te sentirás más animado a continuar trabajando.

### Tomato Timer

Ya he mencionado la Técnica Pomodoro, y esta aplicación está directamente relacionada con ella. Normalmente procrastinamos cuando una tarea parece demasiado grande o abrumadora, pero aún así debes cumplir con tus responsabilidades. La clave está en dividir esa gran tarea en partes más pequeñas. Tomato Timer te ayudará a hacerlo al fragmentar el trabajo en subtareas más manejables: solo tienes que programar el temporizador y podrás terminar tu trabajo paso a paso.

Aunque hay muchas otras herramientas y aplicaciones útiles que podrías considerar, estas son, en mi opinión, las más interesantes y efectivas. Elige la que mejor se adapte a tus necesidades y ¡empieza a usarla!

# CAPÍTULO 6: EJERCICIOS Y ACTIVIDADES PARA PROCESAR LA ANSIEDAD

## Calentamiento

1. Cierra los ojos y respira profundamente, inhalando y exhalando lentamente.
2. Visualiza algo que te produce ansiedad o pánico.
3. Asegúrate de centrarte en algo de poca importancia para generar un malestar leve, en lugar de síntomas de un ataque de pánico.
4. Imagina lo que te causa ansiedad y visualiza que estás frente a ello en este momento.
5. Ahora dirige tu atención hacia ti mismo. ¿Qué notas en tu cuerpo? ¿Qué pensamientos tienes? ¿Qué emociones sientes? Quédate aquí con estas experiencias.
6. Abre los ojos y vuelve a un estado de calma y relajación respirando lenta y profundamente varias veces.

Recuerda que esta estrategia física relajante está disponible en cualquier momento.

## Exposición interoceptiva 1

A continuación se presentan algunas de las respuestas físicas comunes ante un ataque de pánico. La primera vez que realices este ejercicio, elige solo una o dos respuestas para completar. Empieza eligiendo una y, una vez que la hayas terminado, pasa a la siguiente.

**Dificultad para respirar**

1. Respira rápida y superficialmente durante treinta segundos, imitando un estado de hiperventilación.
2. Examina tu cuerpo desde la parte superior de la cabeza hasta los dedos de los pies. Sin ser autocrítico, observa todas tus sensaciones físicas, tanto grandes como pequeñas.
3. Mantén la atención en tus sensaciones corporales: no las juzgues ni intentes cambiarlas. Sé presente en ellas en lugar de evitarlas.
4. Después de unos minutos, respira lenta y profundamente para prepararte para el siguiente ejercicio de respiración.

**Ritmo cardíaco acelerado**

1. Corre en tu lugar, sube y baja escaleras y/o salta durante dos minutos o hasta que sientas que tu ritmo cardíaco ha aumentado.
2. De pie o sentado, como prefieras, dirige tu atención a tu pecho. Sin ser autocrítico, observa todas tus sensaciones físicas, grandes y pequeñas. ¿Qué sientes en el pecho? ¿Cómo se propagan las sensaciones desde el exterior al resto de tu cuerpo?
3. Mantén la atención en las sensaciones de tu cuerpo, no las juzgues ni intentes cambiarlas. Sé presente con ellas en lugar de evitarlas.
4. Después de unos minutos, respira lenta y profundamente.

**Vértigo**

1. Gírate en una silla de oficina o ponte de pie en un espacio relativamente abierto y empieza a girar sobre ti mismo. Hazlo durante aproximadamente un minuto o hasta que te sientas un poco mareado, pero detente antes de caer o sentirte mal.
2. Ponte de pie o siéntate. Tú eliges.
3. Mantén la atención en las sensaciones de tu cuerpo, no las juzgues ni intentes cambiarlas. Sé presente con ellas en lugar de evitarlas.
4. Después de unos minutos, respira lenta y profundamente.

**Molestias en la cabeza y los ojos**

1. Siéntate e inclínate hacia adelante de modo que tu frente descanse sobre las rodillas. Mantente en esta posición durante 30-60 segundos y luego levántate rápida y bruscamente.
2. Toma inmediatamente un libro, periódico o revista e intenta leerlo.
3. Mantén la atención en las sensaciones de tu cuerpo, no las juzgues ni intentes cambiarlas. Sé presente con ellas en lugar de evitarlas.
4. Después de unos minutos, respira lenta y profundamente.

## Exposición interoceptiva 2

¡Enhorabuena por regresar para el segundo día de ejercicios! Tu compromiso contigo mismo y tu voluntad de avanzar, aunque sea difícil, acabarán reduciendo tu ansiedad y mejorando tu vida.

La segunda parte de este ejercicio de exposición es similar a la primera. Ahora elige las dos sensaciones corporales que no seleccionaste ayer. Cuando las hayas completado, pasa al siguiente ejercicio.

**Un sereno prado de montaña (15 minutos)**

1. Programa el cronómetro para 15 minutos.
2. Cierra los ojos y respira lenta y profundamente varias veces. Inhala por la nariz. Haz una pausa. Exhala por la boca.
3. Imagina que estás en medio de un hermoso prado de montaña. Flores moradas, blancas, rojas y amarillas se mecen suavemente con la brisa. El cielo es de un azul intenso. Nubes blancas y esponjosas surcan lentamente el cielo. Gira lentamente y observa a tu alrededor. ¿Qué más ves?
4. Sigue respirando lenta y profundamente. Siente el suave aroma de las flores y deja que llene tus sentidos.
5. Siente el calor del sol en tu piel. Gira tu rostro hacia el cálido sol y deja que una sonrisa se dibuje en tu rostro mientras disfrutas de la temperatura. Sentirás una cálida brisa en tu piel.
6. Empieza a notar los suaves sonidos, como el gorgoteo de un arroyo cercano. Las abejas zumban a lo lejos. Presta atención a su rítmico zumbido. Sabes que no hay nada de qué preocuparse, las abejas de este prado son especiales. No pican. Puedes moverte libremente, sin preocupaciones.
7. Ves una roca cerca. Mientras caminas hacia ella, las flores acarician tus pies descalzos, haciéndote cosquillas. Un pájaro vuela sobre ti. Llegas a la roca y te das cuenta de que hay una grieta perfecta en la cima, justo de tu tamaño. Subes y te acomodas ligeramente para sentirte cómodo. Encajas con facilidad y la roca te acuna cómodamente. No parece difícil en absoluto. Coloca las plantas de los pies y las palmas de las manos planas sobre la superficie de la roca y disfruta del calor. Nuevamente, inclina el rostro hacia el sol y sonríe.
8. Permanece así, disfrutando de las vistas, los sonidos, los olores y las sensaciones físicas de este apacible prado de montaña. Respira profunda y lentamente, disfrutando de este lugar sereno. Tus músculos se

relajan y todo tu cuerpo parece fundirse en esta nueva comodidad.

9. Cuando suene el temporizador, mira a tu alrededor. Observa lo que te rodea. Siente la silla, la cama, el sofá o el suelo bajo tus pies.
10. Reoriente tu atención hacia tu espacio actual y respira lenta y profundamente varias veces antes de ponerte de pie.

**Tu propio espacio (15 minutos)**

El ejercicio de relajación de hoy es muy parecido a la visualización del prado de montaña de ayer. La única diferencia es el escenario.

1. Programa el temporizador para 15 minutos.
2. Cierra los ojos y respira lenta y profundamente varias veces. Inhala por la nariz. Haz una pausa. Exhala por la boca.
3. Imagina que estás en tu casa. Reconoces los colores de las paredes, el suelo, las mesas y otras superficies. Tus ojos vagan y se detienen en algunos de tus objetos favoritos. Sonríe y disfruta de las sensaciones positivas que te evocan. Ahora, empieza a caminar muy despacio. ¿Qué más ves?
4. Sigue respirando lenta y profundamente. Observa los olores característicos de tu casa. Te gusta el aroma de tu hogar. Es agradable y te hace sentir feliz. ¿Qué hueles? ¿A velas? ¿A ropa limpia?
5. Ves tu manta favorita sobre una silla. Cógela. Frota tus manos sobre ella, sintiendo su suavidad y textura. Envuelve tus hombros con ella. Es como un suave abrazo y te hace sentir seguro.
6. Tienes una habitación especial en tu casa, un espacio que has decorado solo para ti. ¿Dónde está? Camina despacio hacia esa habitación. Siente el suelo bajo tus pies descalzos. Presta atención a tus pasos. Extiende la

mano y toca la pared. ¿Cómo se siente la textura en la punta de tus dedos? ¿Qué sonido hace?

7. Estira la mano y entra en tu sala de relajación. Respira lenta y profundamente varias veces. Observa a tu alrededor. ¿Qué colores adornan esta habitación? ¿Qué objetos has colocado aquí? Visualiza tocarlos, cogiéndolos si no son grandes y pesados. Si hay velas en la habitación, enciéndelas ahora. Dirige tu mirada hacia donde podrías sentarte. ¿Es un sofá? ¿Una silla? ¿Un cojín? Ve y siéntate. Ajusta tu cuerpo hasta encontrar una posición cómoda. Este lugar es tuyo, diseñado especialmente para ti, para que tu cuerpo encaje perfectamente en él. Coloca la manta sobre tu torso y piernas. Disfruta de esta comodidad y calidez. Todo tu cuerpo está suave y relajado.
8. Cuando suene el temporizador, observa a tu alrededor. Percibe lo que te rodea. Siente la silla, la cama, el sofá o el suelo debajo de ti. Conéctate con tu espacio actual y respira lenta y profundamente varias veces antes de levantarte.

## Encontrar apoyo

A lo largo de estos ejercicios, has ampliado considerablemente las oportunidades de cambio positivo en tu vida, has adquirido conocimientos y habilidades para reducir activamente tu ansiedad y comenzar a vivir el momento. Sin embargo, estas lecciones también traen nuevos retos y frustraciones. Cuando has establecido una rutina de mindfulness, no es raro experimentar momentos de ansiedad de vez en cuando; estos episodios son temporales, aunque a veces no se sientan así cuando ocurren. Es importante reconocer que pasarán y contar con una red de personas de apoyo en las que puedas confiar cuando la ansiedad se presente.

El apoyo puede adoptar muchas formas: amistades, terapeutas, organizaciones y grupos de apoyo. Encuentra respaldo tanto en Internet como en el mundo real en el que vives. No todos los sistemas de apoyo son adecuados para todos. Algunas personas pueden beneficiarse de sesiones regulares con un terapeuta, mientras que otras se desenvuelven mejor en entornos grupales.

# CAPÍTULO 7: SEGUIMIENTO DE LOS AVANCES HACIA LOS OBJETIVOS

¡Lo has conseguido! Mira lo lejos que has llegado. Cierra los ojos, respira lenta y profundamente y sonríe. ¿Cómo te sientes al haber terminado este libro? ¿Cómo está tu ansiedad estos días? Creo que probablemente todavía sientes cierto grado de ansiedad. ¿Sabes por qué? Porque eres humano. La ansiedad nunca puede desaparecer por completo debido a la forma en que funciona nuestro cerebro; nuestra respuesta de lucha o huida es una parte natural de lo que somos, es una parte de nuestra naturaleza que no podemos cambiar.

La ansiedad forma parte de la vida de todos de alguna manera; la experimentaremos en distintos grados a medida que avancemos en la vida. La diferencia ahora es que ya no estás paralizado por la ansiedad, porque sabes cómo mitigar su impacto y cómo liberarte de sus garras limitantes. Bienvenido a tu nueva vida, libre de las limitaciones que impone la ansiedad.

Sigue utilizando las herramientas de este libro y realizando los ejercicios. Para mantener el impulso, haz uno o dos al día. Dedica tiempo a estos ejercicios para que se conviertan en parte de tu rutina, tal vez al levantarte por la mañana o como un ritual relajante antes de dormir. Verás que la atención plena, la compasión y la aceptación son herramientas poderosas para reducir la ansiedad en todo momento. Cuando estés profundamente familiarizado con los ejercicios de mindfulness, podrás recurrir a ellos para calmarte en situaciones que te generen ansiedad.

Sin embargo, la atención plena y sus componentes son mucho más que herramientas; el mindfulness es una forma de vida. Cuando vives con atención plena, la ansiedad te afecta menos y, aunque esté presente, sabes instintivamente que es solo una experiencia que no te define ni condiciona tu comportamiento. Cuando vives en sintonía contigo mismo y con el momento presente, eres libre para simplemente estar en ese instante.

Sigue practicando los ejercicios que has aprendido: ¡estás en el buen camino para liberarte de las cadenas de la ansiedad y avanzar hacia la vida de calidad que deseas!

## Afrontar los retos de la ansiedad

Es imposible que los seres humanos eliminemos por completo la ansiedad, pero podemos reducir significativamente su control sobre nuestras vidas. Parte de gestionar nuestra ansiedad consiste en anticipar cuándo puede surgir e idear un plan para afrontarla. Se trata de un proceso que implica examinar los factores desencadenantes de la ansiedad y descubrir lo que funciona mejor para reducirla.

**Formas de detectar la ansiedad antes de que aparezca:**

- Comprende tus síntomas específicos: ¿cuáles son tus pensamientos cuando aumenta la ansiedad? ¿En qué situaciones se intensifican o disminuyen los síntomas?
- Conoce lo que funciona: ¿qué estrategias resultan especialmente útiles en los momentos de mayor ansiedad? Quizás la respiración profunda o los ejercicios de mindfulness específicos de este libro. Hablar o simplemente estar con alguien que te apoye también puede ayudar.

El siguiente paso es elaborar un plan sobre cómo manejar la ansiedad cuando aparece. Escribir un plan es una buena idea, ya que es algo tangible que puedes sostener y leer, lo que también ayuda a memorizarlo. Tu plan podría ser así (escribe donde encuentres espacios):

*Cuando empiece a notar ansiedad en mi cuerpo o en mi mente, haré estas cosas:*

------------------------------------------------------------------------------------

------------------------------------------------------------------------------------

------------------------------------------------------------------------------------

------------------------------------------------------------------------------------

---------------------------------------------------------

*De este modo, utilizaré la conciencia para reducir la ansiedad del momento:*

------------------------------------------------------------------------------------

------------------------------------------------------------------------------------

------------------------------------------------------------------------------------

------------------------------------------------------------------------------------

---------------------------------------------------------

*Si me siento especialmente alterado, escribiré o llamaré a:*

------------------------------------------------------------------------------------

------------------------------------------------------------------------------------

------------------------------------------------------------------------------------

------------------------------------------------------------------------------------

---------------------------------------------------------

*Esto es lo que haré cada día para mantener un estilo de vida y una mentalidad saludables que mantengan a raya la ansiedad:*

------------------------------------------------------------------------------------

------------------------------------------------------------------------------------

------------------------------------------------------------------------------------

------------------------------------------------------------------------------------

---------------------------------------------------------

Crear una agenda de cómo y cuándo utilizar la mente te ayudará a mantener la ansiedad bajo control. La ansiedad aparecerá de vez en cuando, pero no debe influir en tu comportamiento.

## Encuentra lo que funciona para ti

El mindfulness es un enfoque universal que puede ayudar a todos a reducir su ansiedad y mejorar su calidad de vida; sin embargo, dado que cada persona experimenta la ansiedad de forma diferente, las estrategias para controlar sus síntomas son individualizadas y específicas. Para saber qué funciona mejor, experimenta con los métodos descritos en este libro hasta encontrar la combinación adecuada de tácticas que te ayuden a reducir la ansiedad y se adapten a tu vida y rutina diaria. Aquí están los primeros pasos para personalizar tu plan de control de la ansiedad:

- Haz una lista: empieza por escribir una lista de los ejercicios que más te han impresionado. Mantener una lista actualizada de las estrategias que te funcionan en un lugar accesible te ayudará a manejar la ansiedad cuando te sientas demasiado nervioso para recordar qué hacer a continuación. Una lista corta y clara de ejercicios cuidadosamente elegidos es mejor que una larga y menos centrada.
- Establece un horario: una vez que tengas la lista, es importante establecer un horario para realizar los ejercicios con regularidad. Estos ejercicios deben formar parte de tu rutina habitual como cualquier otra cosa: cuanto más los hagas, más sentirás sus beneficios. Hacer al menos un ejercicio cada día hasta que se convierta en un hábito es la mejor manera de desarrollar una rutina que transformará tanto tu relación con la ansiedad como tu vida.

Además, estos consejos pueden ayudarte a crear y personalizar un programa de mantenimiento sostenible y consciente:

- Elige una hora del día para hacer ejercicio de forma consciente; tener una hora regular te ayuda a cumplir con tu horario.
- Escoge un entorno cómodo para sentarte o tumbarte, llena el espacio de muebles, adornos y objetos que te aporten tranquilidad.
- Haz de esta práctica un ritual: tómate un té u otra bebida calmante, sin alcohol ni cafeína, escucha música relajante y meditativa o permanece en silencio, lo que prefieras. Tal vez enciendas una vela o uses un difusor de aceites esenciales.
- No te limites. Si tienes una reunión u otra obligación durante tu tiempo habitual de meditación, ajusta tu horario sin sentir ansiedad. La práctica regular te anima a desarrollar el hábito de la atención plena y te ayudará a reducir la ansiedad, pero esto no significa que debas ser rígido.
- Encuentra formas de enriquecer y disfrutar de esta práctica. Considérala un momento agradable, en lugar de una carga o una tarea. En una vida ajetreada, más allá del tiempo programado, tomarse un descanso para la tranquilidad y la reflexión puede ser un verdadero placer. Recuerda tu razón para practicar mindfulness: vivir una vida de calidad, libre del control de la ansiedad. Conocer y mantener presente tu propósito te ayudará a mantener la motivación para continuar con una práctica regular y constante.

# CAPÍTULO 8: CÓMO SIMPLIFICAR TU VIDA

Cuando el trastorno de ansiedad ataca, puede sentirse como si el mundo entero se derrumbara sobre ti, y esta es una sensación horrible que te deja indefenso ante un peligro inexistente. La ansiedad surge como resultado de pensamientos descontrolados, que pueden ser difíciles de liberar. La buena noticia es que puedes hacer cambios positivos en tu estilo de vida para combatir la ansiedad, en lugar de tener que lidiar con ella para siempre.

Ten en cuenta que las elecciones de estilo de vida influyen mucho en el control de la ansiedad. Hay muchos hábitos que desarrollamos con el tiempo que acaban alimentando nuestra ansiedad. Por ejemplo, fumar es una forma de afrontar el estrés para algunas personas. Probablemente no lo sepan, pero fumar agrava la ansiedad. Incluso comer alimentos ricos en azúcar o comida rápida cuando estás estresado no te ayuda a controlarla.

Desde optar por una alimentación saludable hasta comprender la importancia de la respiración profunda, hay muchos pequeños cambios que puedes hacer para combatir la ansiedad. La buena noticia es que estos cambios en tu estilo de vida no solo reducirán la ansiedad, sino que también mejorarán tu salud en general. Si te comprometes a ponerlos en práctica, notarás una transformación asombrosa en tu vida.

## Sueño adecuado

Por sueño adecuado me refiero a un mínimo de seis a siete horas de sueño profundo y reparador. Uno de los compañeros más frecuentes de la ansiedad es el insomnio, por lo que la ansiedad y el insomnio van de la mano. Dormir bien puede ayudar a mantener la ansiedad bajo control.

Para mejorar tu sueño, puedes adoptar medidas sencillas, como las que se mencionan a continuación:

- Dúchate antes de acostarte.
- Bebe un vaso de leche caliente antes de irte a dormir.
- Mantén tu dormitorio libre de ruidos y distracciones.
- Establece un horario de sueño y respétalo.
- Asegúrate de que tu habitación esté bien ventilada.
- La temperatura de la habitación no debe ser ni demasiado fría ni demasiado caliente.
- Evita las luces brillantes, especialmente la luz azul de pantallas. Si necesitas algo de luz, utiliza una tenue.
- Evita usar pantallas (teléfono móvil y televisión) al menos 30 minutos antes de acostarte.
- Después del mediodía, reduce el consumo de cafeína, ya que afecta la calidad del sueño.
- No hagas ejercicio intenso por la noche. El yoga puede ser una buena alternativa.
- No comas hasta tarde. Si necesitas hacerlo, opta por alimentos ligeros y fáciles de digerir, como la miel o el aceite MCT.
- Mantén tus dispositivos electrónicos en modo silencioso o avión.
- Considera tomar un suplemento de magnesio.

## Evita trabajar en casa

Uno de los mayores factores de estrés para muchas personas es el trabajo. La presión laboral afecta negativamente la salud mental, desencadenando estrés y ansiedad. Por eso es importante mantener un equilibrio entre la vida laboral y personal. Una vez en casa, evita revisar correos electrónicos y mensajes relacionados con el trabajo. Dedica tiempo a relajarte y a ponerte al día con tu pareja o hijos.

No evites las vacaciones; son una excelente forma de liberarte del estrés laboral y recargar energías.

### Cuida tu dieta

Lo que consumes también influye en la ansiedad. Algunos alimentos mantienen al cuerpo en un estado tóxico constante. Fumar o recurrir al alcohol para aliviar el dolor solo agrava la situación a largo plazo, aunque momentáneamente parezca ayudar.

El cerebro, siendo una de las partes más activas del cuerpo, necesita un flujo constante de nutrientes para funcionar correctamente. Si no lo alimentas bien, no tendrá la energía necesaria para desempeñar sus funciones, lo que afectará los neurotransmisores y aumentará el riesgo de sufrir ansiedad.

- Asegúrate de llevar una dieta saludable y equilibrada, rica en alimentos integrales. Mantente bien hidratado.
- Tus comidas deben ser bajas en grasas trans y contener suficiente calcio.
- Reduce el consumo de cafeína, alimentos procesados, azúcares refinados y carnes rojas.
- Opta por frutas, frutos secos, legumbres y semillas.
- Evita las bebidas azucaradas y con gas. El té debe consumirse sin exceso de azúcar.
- Si eres adicto al café, intenta pasarte al descafeinado o reducir el consumo gradualmente.

### Limita el uso de redes sociales

El uso excesivo de las redes sociales es una de las principales causas de ansiedad. El contenido que ves puede generar estrés y alimentar tus inseguridades. Por ejemplo, ver las vacaciones perfectas de un amigo puede hacerte sentir que los demás son más felices que tú, lo que incrementa la ansiedad.

Así que sé cuidadoso con lo que consumes en las redes y evita caer en comparaciones que alimenten tus preocupaciones.

### Medidas para reducir el estrés

El estrés y la ansiedad van de la mano: en otras palabras, el estrés excesivo deriva de la depresión y la ansiedad. Teniendo esto en cuenta, una de las mejores cosas que puedes hacer por ti mismo es dedicar tiempo a controlar y reducir el estrés. Asegúrate de aprender a manejar el estrés de forma saludable. Aunque el alcohol puede hacer que olvides tus preocupaciones y problemas durante un rato, a la larga no es una solución. Veamos algunos consejos para vencer el estrés:

- Toma nota de las fuentes de estrés en tu vida y plantéate cómo afrontarlas de manera saludable. Las fuentes de estrés pueden ser responsabilidades, relaciones insatisfactorias, etc. Una vez que las hayas identificado, puedes dar un paso positivo para enfrentarte a ellas.
- La música tiene una enorme capacidad para relajar el cuerpo. Por muy estresado que estés, la música relajante puede ayudarte a calmar los nervios. Acostúmbrate a escuchar música, ya que tiene un efecto calmante sobre tu salud mental.
- Cuando estás estresado, tu respiración se vuelve corta y superficial. Intenta hacer respiraciones largas, ya que ayudan a aumentar la circulación del aire, forzando al cuerpo a entrar en un estado de relajación.

### Estar en contacto con la naturaleza

Pasar ocho horas al día en una oficina con aire acondicionado no ayuda, luego, cuando terminas de trabajar, sales del trabajo, caminas hasta tu coche y, mientras conduces, sigues con el aire acondicionado. No encuentras tiempo para disfrutar de la brisa natural y de la vitamina D del sol. No es de extrañar que la ansiedad prospere en estas condiciones.

Asegúrate de dar un paseo por el parque, hacer senderismo, ir al zoológico y pasar tiempo apreciando la naturaleza. Incluso si vives en la ciudad, debe haber parques que puedas visitar. Mejor aún, ten un jardín y trabaja en él: esto no solo te mantendrá ocupado, reduciendo el espacio para la ansiedad, sino que también te conectará más con la naturaleza.

### Asegúrate de que tu casa no esté desordenada

Una de las mayores fuentes de estrés y ansiedad es una casa extremadamente desordenada. Todos somos culpables de ello en algún momento, porque hay cosas en nuestras vidas y hogares de las que nos cuesta deshacernos y que realmente no necesitamos: como ropa que hace años que no usamos y que sigue en nuestro armario. Nos aferramos a objetos sin ninguna razón tangible, y estos simplemente alimentan nuestra ansiedad.

¿Recuerdas la última vez que buscaste algo y lo encontraste entre el desorden de la casa? Es algo que podrías haber evitado si la casa estuviera en orden. Se trata de algo más que solo mantenerla limpia: es deshacerse de lo innecesario, de lo que no te aporta nada y solo aumenta el estrés.

Ve habitación por habitación y deshazte de todo lo que no has utilizado en mucho tiempo: dónalo a una organización benéfica, véndelo o simplemente deshazte de ello. Te sentirás mejor y disminuirá tu ansiedad.

### Medita

Nos ponemos ansiosos por cosas que no podemos controlar: nos preocupamos y nos obsesionamos con temas que afectan a nuestra salud mental, visualizamos varios escenarios donde las cosas podrían salir mal, y esa ansiedad nos consume en pensamientos innecesarios.

Cuando meditamos, sin embargo, volvemos a centrar nuestros pensamientos en el presente. En lugar de preocuparnos por algo que no podemos controlar, la meditación nos ayuda a enfocarnos en algo que sí podemos controlar: nuestra respiración.

Recomiendo comenzar el día con unos minutos de meditación, con la respiración como punto central. No es aburrido; inhala y exhala conscientemente cinco veces, concentrándote solo en tu respiración. Esto es meditación en su forma más básica.

### Busca apoyo social

La ansiedad se alimenta del aislamiento y la soledad, por lo que es necesario construir un sistema de apoyo sano a tu alrededor para combatirla. Recuerda que tu círculo de amigos y seres queridos no debe estar compuesto por personas críticas que siempre te generen más ansiedad.

Los amigos son útiles, ya que pueden ayudarnos a hacer una evaluación realista de las situaciones y ofrecer consuelo. Además, un grupo de apoyo puede ayudarte a darte cuenta de que no estás solo, ya que también aprendes de las experiencias y mecanismos de afrontamiento de los demás. Además de unirte a un grupo de apoyo, mantente en contacto con familiares y amigos, o considera adoptar una mascota, como un perro o un gato: te será de gran ayuda.

### Cuídate

Eres una persona única, la más importante de tu mundo. Te mereces lo mejor, sin importar lo que digan las voces en tu cabeza: asegúrate de no descuidarte. Ve a la peluquería, date un masaje, hazte una pedicura y manicura, ve a la sauna con una amiga, sal de noche con tu grupo de amigos, date un capricho: todo esto puede ayudarte a superar la ansiedad.

### Encuentra un fuerte sentido de propósito

En otras palabras, encuentra algo que te motive a vivir. No debes limitarte a dejar que la vida pase. Con un fuerte sentido de propósito, estarás mejor preparado para afrontar lo que la vida te depare sin caer en la ansiedad o la depresión. Además, un propósito claro es como un escudo contra los altibajos de la vida, porque estarás satisfecho con tu vida incluso en los días difíciles, y esto puede evitar que te hundas en la ansiedad.

## Haz del ejercicio un hábito diario

Una de las medidas más importantes que puedes tomar para combatir la ansiedad y recuperar el control es hacer ejercicio, ya que puede mejorar tu estado de ánimo, reducir la liberación de hormonas del estrés y, en general, hacer que te sientas bien. No es necesario que te exijas demasiado ni que te apuntes al gimnasio local: un plan de ejercicios sencillo, como hacer yoga, caminar o practicar tai chi, puede mejorar considerablemente tu estado de ánimo, dejando poco espacio para la ansiedad.

El ejercicio es beneficioso porque aumenta la secreción de endorfinas y serotonina, sustancias químicas en el cerebro que combaten la depresión y la ansiedad. Un simple paseo de 30 minutos al día es suficiente para levantar el ánimo: además de ayudarte con la ansiedad, el ejercicio es una excelente forma de poner orden en tu vida, combatir enfermedades y mantenerte sano.

## Afirmaciones positivas

Nos sentimos ansiosos porque tendemos a explorar las diferentes maneras en que las cosas pueden salir mal; sin embargo, cuando contrarrestamos esto con pensamientos y afirmaciones positivas, podemos mejorar nuestro estado de ánimo y combatir la ansiedad. Esto no solo ayuda a superar los pensamientos negativos, sino que también pone las cosas en perspectiva y eleva el ánimo.

Uno de los problemas más comunes para las personas con ansiedad es que los síntomas tienden a intensificarse. Por ejemplo, supongamos que te diriges a una entrevista de trabajo y se te pincha una llanta: aunque cambiar la llanta puede ser sencillo, y lo mismo llamar a la persona con la que habías quedado para explicarle por qué llegarás tarde, la ansiedad puede desviar tus pensamientos racionales y llevarte a conclusiones catastróficas. Cuando la ansiedad domina, es fácil que tu mente racional se precipite al abismo.

## Las mejores formas de encontrar la calma al instante

Con más de 2,8 millones de italianos sufriendo de ansiedad cada año, se considera uno de los principales trastornos de salud mental, pero esta cifra podría ser aún mayor porque muchas personas con ansiedad no buscan ayuda médica.

### Autoafirmación positiva

Si te descubres hablando negativamente contigo mismo, como se mencionó anteriormente, cambia esos pensamientos por afirmaciones positivas. Esto te ayudará a desinflar el peligro inminente que sientes que enfrentas. La mayoría de las veces, la ansiedad es como un miedo que se aferra a ti y no te suelta: debes aprender a reconocerla como un ataque de ansiedad y reducir su poder. Esto puede aprenderse solo o con la ayuda de un psicólogo. Deja de inventar peligros en tu mente para justificar el ataque. Una vez que te des cuenta de que es un ataque de ansiedad y dejes de intentar convertirlo en algo más, podrás manejar mejor la ansiedad.

### Visualización guiada

Por ejemplo, puedes imaginar el sonido y el aroma de un mar en calma, o visualizar los colores de una hermosa puesta de sol o un amanecer. Cuanto más vívida sea la imagen, mayores serán las posibilidades de encontrar la calma instantánea que buscas.

### Oración o meditación

Si tienes una oración en mente, como el Padre Nuestro, es importante no apresurarse al recitarla. Asegúrate de concentrarte en cada palabra, como si nunca la hubieras dicho antes o como si estuvieras escribiendo la oración en un papel. Esto puede ayudarte a desviar la atención de la causa de tu ansiedad hacia una mente más racional, dándote la oportunidad de volver a centrar tu cerebro.

Si no eres de los que rezan, pero buscas una experiencia similar, puedes probar la meditación, que consiste en concentrarte en tu interior y alcanzar un estado alterado de conciencia. Algunas personas meditan repitiendo un mantra, como «om», mientras que otras prefieren ejercicios físicos, como el tai chi o el yoga. Otras simplemente encuentran paz sentándose en silencio contemplativo para alcanzar la calma instantánea.

La meditación suele ser eficaz debido a los numerosos síntomas cognitivos de la ansiedad. Cuando la mente se llena de pensamientos desordenados, un ejercicio de concentración, como la meditación, puede ser útil para cortar de raíz lo que causa ansiedad. La meditación también puede fomentar una vida consciente y reducir las reacciones automáticas al estrés.

### Aprende a ser agradecido

Aunque la expresión «cuenta tus bendiciones» puede parecer un cliché, se ha demostrado que es muy eficaz para aportar mayor calma a la mente. Las personas tienden a pensar en lo negativo durante momentos de ansiedad extrema. En lugar de eso, intenta enfocarte en las cosas por las que debes estar agradecido en tu vida y observa lo que está bien en el mundo: cuantas más cosas puedas agregar a tu lista de gratitud, mejor te sentirás.

### Creatividad y aficiones

¿Tienes algún pasatiempo o proyecto que te apasione? Muchas personas que padecen ansiedad suelen decir que no tienen aficiones o que han abandonado sus intereses. Quizá lo que necesitas para superar la ansiedad sea un poco de creatividad.

Sigmund Freud, el fundador de la psiquiatría moderna, decía que la depresión era el resultado de una creatividad reprimida, y observó que muchas personas poco creativas también sufrían de trastornos mentales, como la depresión y la ansiedad.

Si comienzas un pasatiempo que te interese, es probable que te distraigas de los problemas imaginarios y comiences a enfocarte en otra cosa. Muchas personas buscan una salida creativa cuando se sienten ansiosas.

Para encontrar la salida creativa adecuada para ti, piensa en tu pasado y en lo que solías disfrutar. ¿Qué tipo de pasatiempo o proyecto creativo te interesa? ¿Encuentras tiempo para ello en tu vida actual? Puede que no sientas que tienes tiempo cuando sufres de ansiedad, pero si permites que esta se apodere de tu vida, te será difícil avanzar. Empieza a pensar en aficiones y actividades creativas a las que puedas dedicarte para tener más control y menos ansiedad.

Algunos de los pasatiempos más populares son:

- Pintura
- Escritura
- Costura
- Scrapbooking
- Fotografía
- Carpintería

Estos son solo algunos pasatiempos que pueden ayudarte cuando te sientes ansioso. Si te concentras en el pasatiempo, tendrás menos tiempo para la ansiedad y podrás detener el proceso de pensamientos negativos.

Si no estás seguro de qué pasatiempo elegir, o si hay algo que te gustaría probar pero no sabes cómo empezar, puedes buscar un curso o incluso visitar una tienda especializada y ver si ofrecen talleres creativos.

# CAPÍTULO 9: DEJAR ATRÁS EL PASADO

En este capítulo aprenderás a liberarte de las cadenas de la preocupación y la ansiedad obsesiva dedicando tiempo a practicar el sencillo ejercicio de la atención plena.

La capacidad de pensar es uno de los factores que distingue a los seres humanos de los demás animales. Esta facultad del pensamiento es lo que nos da el poder de mantener una idea y crear cosas a partir de ella. Sin embargo, también nos expone a un tipo de miedo que no existe en ningún otro lugar del reino animal, solo en la sociedad humana: el miedo psicológico.

El miedo psicológico surge del conocimiento de algo que ocurrió en el pasado y que podría repetirse en el futuro. Nuestra capacidad de pensar recrea en la imaginación una imagen vívida de cómo sucedió la última vez, ya sea que nos haya ocurrido a nosotros en el pasado o que lo hayamos leído o visto en otra persona. Los animales no tienen el don de la imaginación creativa, por lo que no experimentan este tipo de miedo.

Un problema en el pensamiento se presenta cuando confundimos los pensamientos sobre las cosas con las cosas en sí. Es fácil imaginar una rana y saber que la rana en tu mente no es una rana real, pero cuando tu mente te ofrece algo que no existe físicamente, puede ser difícil notar la diferencia.

Todos tenemos pensamientos negativos de vez en cuando y en algún momento podemos llegar a creerlos. Sin embargo, no todo el mundo desarrolla ansiedad persistente, depresión o malestar emocional. Entonces, surge una pregunta importante: ¿qué determina si esos pensamientos desaparecen o si se convierten en un malestar prolongado e intenso? Los pensamientos de baja autoestima no son más reales que una rana imaginaria. Si cambias al modo "ser", podrás verlo con más claridad. Puedes distanciarte y observar los pensamientos y sensaciones que llegan a tu mente, y dejarlos ir como lo harías con sonidos, sabores o imágenes pasajeras. No obstante, cuando piensas: "Me siento un fracaso", no debes verlo como una realidad y caer en una rumiación inevitable. Esto no significa que los animales no sientan miedo, sino que solo experimentan miedo relacionado con un evento actual o inminente. Por ejemplo, las aves migran en grandes cantidades cuando perciben que se aproxima mal tiempo. Tienen miedo, pero a diferencia del miedo psicológico, este se basa en sus instintos, no en su imaginación.

Hay otro aspecto interesante del miedo psicológico. Aunque el suceso que tienes en mente es solo producto de la imaginación y no un evento real en ese momento, el cuerpo humano responde como si estuviera ocurriendo de verdad.

La ansiedad suele provocar una desconexión entre la mente y el cuerpo, en la que los patrones de pensamiento van en una dirección, las emociones en otra y las sensaciones físicas en otra distinta. La vida de la persona parece fragmentada. En resumen, aunque el evento no esté ocurriendo en el presente, el efecto es real para la persona, distorsionando su percepción de la realidad.

Cuando alguien está ansioso, la mente se separa del cuerpo y este termina sufriendo los efectos de esa disfunción. Los pensamientos, emociones y sensaciones físicas vibran en "frecuencias" diferentes. La buena noticia es que la atención plena puede ayudar a restablecer el equilibrio, ya que es muy efectiva para alinear pensamientos, emociones y acciones físicas.

Muchas personas se pierden en sus pensamientos y el proceso mental se ha vuelto casi inconsciente para ellas. La atención plena es una habilidad que puede aprenderse y desarrollarse con el tiempo si se practica con intención y frecuencia. Al principio, puede parecer difícil porque la mente promedio tiende a dispersarse rápidamente y a perderse en pensamientos sobre el futuro y todas las cosas que podrían salir mal. Sin embargo, vale la pena hacer este compromiso debido al impacto que nuestros pensamientos tienen en nuestra vida diaria y, por extensión, en nuestro futuro.

## ¿Qué relación tiene el mindfulness con la ansiedad?

La ansiedad surge cuando nos enfocamos en todas las incertidumbres, ignorando otras posibilidades. Es común que las personas se queden atrapadas en escenarios de "¿y si...?", basándose en suposiciones y situaciones que escapan a su control, en lugar de optar por una perspectiva más positiva y equilibrada, dejando de lado los pensamientos negativos.

Imagina a un hombre de negocios que, al día siguiente, tiene una presentación importante ante posibles inversores, y de repente sufre un ataque de pánico innecesario. Probablemente empezará a pensar en todas las cosas que podrían salir mal antes, durante y después del evento. Jamás pensaría en todas las cosas que podrían salir bien. Pensamientos como olvidar el pendrive, no poder hablar correctamente, que las diapositivas no se abran en el ordenador, problemas con el micrófono o, finalmente, no causar una buena impresión a los inversores.

Sería mucho más productivo y útil canalizar esa misma energía mental hacia la preparación de su presentación. Podría concentrarse en el momento presente, maximizando cada instante frente a su audiencia y, en última instancia, hacer una presentación que incremente la confianza de los inversores en su capacidad para gestionar sus recursos. Este escenario negativo puede abordarse correctamente aprendiendo y aplicando mindfulness.

La atención plena te da control total, haciendo que la mente sea una herramienta útil en lugar de un amo molesto. Una de las formas más simples de empezar a practicar la atención plena es durante las comidas. Presta más atención a los alimentos en el plato, notando los colores, texturas, sabores y cómo se sienten al masticar. Esto es mucho mejor que comer sin prestar atención y es una manera de involucrar la mente de forma positiva.

Lo mejor del mindfulness es ser consciente de que estás pensando, porque el pensamiento es algo que produces voluntariamente, no algo que debería ocurrir de manera espontánea o automática, como un tren que corre sin frenos.

Al pensar conscientemente, te vuelves responsable de tus pensamientos y de la reprogramación de tus patrones de pensamiento, patrones que se han formado a lo largo de tu vida a partir de experiencias pasadas, cultura y relaciones importantes, como con tus padres, la escuela, la familia y cualquier persona que haya jugado un papel importante en tu vida. Muchos de estos patrones son tóxicos para tu salud mental y, por lo tanto, deben eliminarse por completo.

### Afrontar la evitación experiencial a través de la consciencia

Las personas con ansiedad a menudo muestran patrones de comportamiento conocidos como "evitación experiencial". Esto ocurre cuando alguien se siente atormentado por recuerdos de un evento pasado y evita ciertos elementos que caracterizan esa experiencia, como sensaciones corporales, emociones, pensamientos o imágenes.

Desafortunadamente, al intentar evitar estos pensamientos, se obtiene el efecto contrario: la ansiedad se incrementa y la persona se vuelve más inestable. Aquellos que muestran un comportamiento de evitación experiencial tienen más probabilidades de desarrollar fobias y tienden a huir cuando sufren un ataque de pánico inesperado, más que aquellos que logran controlar su mente. La supresión de pensamientos y sentimientos contribuye al desarrollo y mantenimiento de trastornos como la ansiedad generalizada, fobias específicas y el trastorno de estrés postraumático.

### ¿Cómo aplicar mindfulness para tratar la ansiedad?

El proceso de recuperación de la ansiedad a través del mindfulness se conoce como "integración", donde todas las partes separadas, aisladas o reprimidas deben reintegrarse a la conciencia.

Este proceso suele basarse en tres objetivos básicos:

1. **Tomar conciencia de las experiencias**: Este es el primer paso. Debes identificar qué te causa ansiedad y analizar las experiencias pasadas que la han desencadenado. También debes observar las acciones de evitación, tanto internas como externas, que has adoptado para suprimir o evitar las emociones asociadas a esas experiencias.
2. **Desarrollar una visión más flexible de tu situación y circunstancias**: Debes tratar de pasar de una mentalidad crítica, rígida y controladora a una actitud más cariñosa, compasiva y sin prejuicios. En otras palabras, necesitas una mente abierta.
3. **Mejorar la calidad de vida en todos los ámbitos**: Debes hacer hincapié en la flexibilidad cognitiva y vivir el presente en lugar de quedarte anclado en el pasado. Solo así lograrás cambios significativos que enriquecerán tu vida.

Te preguntarás por qué deberías prestar atención a un pensamiento que probablemente consideras tu mayor problema. No hay mejor forma de deshacerse de los pensamientos ansiosos que enfrentándolos. Cuanto más evitas los pensamientos, más te conviertes en su víctima. Pero si los enfrentas activamente, notarás que gradualmente pierden poder sobre ti.

A través de la toma de conciencia, empezarás a ver tus pensamientos, emociones e impulsos por lo que realmente son, sin permitir que te distraigan de tus objetivos diarios.

Esta mentalidad te ayudará a elegir a qué pensamientos prestar atención, cuáles merecen ser tomados en serio y cómo responder a ellos con calma y sabiduría.

### ¿Cuáles son los beneficios de una práctica continua de mindfulness?

Estos son algunos de los beneficios relacionados con la atención plena:

- Te sorprenderá lo mucho que comenzarás a aprender sobre ti mismo. Accederás a potenciales que antes estaban ocultos por las emociones que te cegaban en el pasado.
- Disfrutarás de una perspectiva más amplia que supera tus antiguos límites y barreras.
- Tu confianza aumentará notablemente. Aquellas cosas que antes percibías como amenazas se convertirán en algo perfectamente manejable y dejarán de asustarte.
- Cuando permites esto, lograrás la disolución natural de todas las circunstancias aterradoras.
- Los pensamientos llegan antes que nuestra conciencia, pero se desarrollan y se desvanecen bajo el poder de nuestra atención plena.
- La práctica de la atención plena te permite observar cómo tus pensamientos, emociones y sentimientos cambian rápidamente. Descubrirás que no puedes aferrarte a los estados "felices" ni evitar permanentemente los "desagradables", permitiéndote vivir una vida libre de preocupaciones y pánicos innecesarios.

## Elige la mindfulness para no seguir siendo prisionero del miedo

Aplicando la atención plena como se ha explorado en este capítulo, utilizamos el mismo principio de "exposición y prevención de respuesta" que se emplea en la terapia cognitivo-conductual. Nos enfrentamos a lo que tememos con la audacia de un león y esperamos a que la ansiedad se calme y desaparezca. Esta valiente decisión de mantenernos firmes ante el miedo reduce la reacción emocional que de otro modo se produciría en un ambiente de preocupación y ansiedad. Los seres humanos desarrollan una resistencia al sufrimiento emocional, lo que hace que este se vuelva menos desagradable y menos amenazante, aumentando nuestra tolerancia a situaciones adversas.

Con conciencia, puedes crear deliberadamente una situación que te provoque ansiedad y aprender a afrontarla, incrementando tu capacidad de gestión. El reto ahora es dedicar el tiempo necesario para obtener los resultados que deseas, lo que te permitirá abordar los acontecimientos tal como se presenten y te otorgará la capacidad de ocuparte de tus actividades cotidianas con plena disposición.

Para una persona ansiosa, el pasado puede ser su talón de Aquiles. A menudo nos obsesionamos con cosas que ocurrieron en el pasado, reflexionando sobre el resultado o cómo podríamos haberlas cambiado. Dejar ir es una de las tareas más difíciles, especialmente para alguien que está abrumado por la ansiedad. Varias situaciones pasadas pueden haber desencadenado un trastorno de ansiedad. A continuación, te ofrezco algunas formas de superar una situación del pasado:

- Crea una afirmación positiva para contrarrestar los pensamientos negativos.
- Usa la distancia física como barrera.
- Trabaja solo.
- Presta atención plena.
- Sé amable contigo mismo.
- Permite que fluyan las emociones negativas.
- Acepta que no siempre hay lugar para el perdón.
- Cuida de ti mismo.

*Un enfoque más detallado y directo es:*

- Decide por ti mismo dejarlo ir. Las cosas no se resolverán solas.
- Expresa tu dolor y asume la responsabilidad de tus actos.
- Deja de victimizarte y de culpar a los demás.
- Usa el presente para volver a conectarte con la realidad.
- Perdónate a ti mismo y a los demás.

Esto no siempre será fácil: algunas cosas son más sencillas de olvidar que otras. Los trastornos de ansiedad, como el TEPT, tienen su origen en experiencias pasadas que persiguen a la persona. Puede llevar años superar algo del pasado, y a veces no se supera del todo, pero eso no significa que no puedas aprender a manejarlo.

Otra forma de superar el pasado es simplemente vivir el presente, día tras día. Cuando las dificultades te golpeen, reconócelas. No puedes sanar y avanzar si no dejas salir lo negativo: reconocerlo y dejarlo ir es fundamental. No es necesario olvidarlo, pero puedes seguir adelante y mirar hacia el futuro, porque la ansiedad no debe dictar tu porvenir.

### ¿Cómo dejar ir?

La clave para soltar es identificar qué en tu pasado te provoca todas esas emociones. Es fundamental analizar los eventos pasados que sientes que te retienen y que causan tu ansiedad. Algunas cosas requieren más trabajo que otras, y no siempre están directamente relacionadas con tu ansiedad. Lo mejor es comenzar a organizar el equipaje emocional de tu pasado, y una manera de liberarte de algunas de estas cargas es examinarlas detenidamente.

Crea una tabla con cinco columnas:

#### Primera columna

En esta columna, escribe tres asuntos no resueltos de tu pasado. Son situaciones que aún hoy tienen un impacto en ti y en tus decisiones.

#### Segunda columna

Aquí, escribe a quién culpas por los tres asuntos mencionados en la primera columna. ¿Quién es la persona que no has perdonado? Muy a menudo, la respuesta a esta pregunta eres tú mismo.

El perdón es extremadamente poderoso cuando se trata de dejar ir. Debes comprender que cargar con el castigo de por vida por las acciones que enumeraste puede no ser lo más saludable. Si debes perdonar a otra persona, reconoce que al hacerlo, estás liberando toda la ira, el dolor y la ansiedad que esa situación te ha causado. El resentimiento es un veneno para la salud mental, y aferrarse a él solo agravará tu ansiedad en lugar de mejorarla.

El perdón es como una maratón. No es necesariamente un acto único: es algo con lo que tendrás que lidiar a lo largo de tu vida. Sobre todo, debes empezar por perdonarte a ti mismo, ya que eres la parte más importante de esta ecuación. Eres responsable de lo que hay en tu mente y de lo que piensas. Puede que tengas un trastorno de ansiedad que te haga preocuparte y obsesionarte con cosas que no deberías, pero eso no significa que no puedas hacer un esfuerzo por remediar estas situaciones.

### Tercera columna

Mirando la primera y la segunda columna, ¿cuáles son las consecuencias de estas situaciones no resueltas? Al principio, tal vez no entiendas del todo cuál es la consecuencia, pero podría ser algo pequeño, como una sensación constante de incomodidad por no resolver un problema que pusiste en la primera columna y que involucra a la persona de la segunda columna, y esto puede dificultarte los días, especialmente si tienes que verla con frecuencia.

### Cuarta columna

Aquí, escribe las oportunidades que podrías tener en tu vida si te liberas de la ansiedad. ¿Cómo sería tu vida si ya no tuvieras que pensar en estas cosas?

### Quinta columna

En esta columna, intenta encontrar soluciones a los problemas mencionados en la primera columna. Mira hacia el futuro y piensa en lo que puedes hacer para resolver las situaciones que anotaste.

Para practicar la atención plena, tienes que dejar de apresurarte y enfocarte en lo que estás haciendo. Adquiere el hábito de desarrollar una respiración calmada y constante, que desacelerará tu ritmo cardíaco, calmará tus emociones, tranquilizará tu mente, relajará tus músculos y suavizará tu cuerpo. Concéntrate en la inhalación y la exhalación: inhala solo cuando hayas exhalado completamente. Libera lo que no necesitas y respira gratitud y felicidad.

Muchos de los momentos importantes de tu vida ocurren cuando no estás presente, y te pierdes más oportunidades y eventos importantes de lo que piensas. No vivas como si no estuvieras aquí: tu vida será más sencilla y encontrarás más energía y felicidad. Vivir en el pasado o en el futuro te impide disfrutar el presente, y hace que pases por la vida sin realmente experimentarla.

A la mayoría de nosotros nos cuesta mantenernos conscientes y presentes. Es natural preocuparse por el futuro o pasar demasiado tiempo pensando en el pasado, pero hay un momento y un lugar para todo, incluso para reflexionar sobre las acciones pasadas y planificar el éxito futuro. Este ejercicio te permite enfocarte en el presente, el único momento en el que realmente tienes poder y control. Explora tres áreas que te impiden ser consciente y practica actividades que te ayuden a superar estos obstáculos.

Primero, trataremos los hábitos, aprenderemos a desaprenderlos y desarrollaremos persistencia. Tus hábitos a menudo te hacen vivir en piloto automático, impidiéndote disfrutar el momento presente. Aprender a identificar los malos hábitos y reemplazarlos por buenos te puede ayudar a liberarte de un mundo que intenta controlarte a través de tus emociones. Esto puede disminuir la ansiedad y facilitar que permanezcas consciente y presente. Crear hábitos positivos, corregir los malos hábitos y dejar ir lo que no puedes controlar liberará tu *prana,* tu fuerza vital, que podrá dedicarse a cosas más importantes. Recuerda aceptar dónde estás hoy. Comienza con los cambios más sencillos y los más difíciles te resultarán más manejables. Mantén siempre el corazón y la mente abiertos.

Sin duda, ser más consciente y aprender estas habilidades es extremadamente útil y gratificante, no solo una opción de tratamiento para quienes padecen un trastorno mental. Aprender a actuar racionalmente a pesar de nuestros sentimientos irracionales y ser más conscientes de nosotros mismos y del mundo que nos rodea sin duda nos aportará mayor felicidad y satisfacción. Cultivar nuestra capacidad de ser conscientes en cada momento de nuestras vidas es una práctica beneficiosa que nos puede ayudar a gestionar mejor los pensamientos y sentimientos negativos que causan ansiedad y estrés.

Mediante la práctica regular de ejercicios de atención plena, no sucumbirás fácilmente a los malos hábitos ni te verás influenciado por el miedo al futuro o las experiencias negativas del pasado. En su lugar, desarrollarás la capacidad de centrarte en el presente y enfrentar los retos de la vida con determinación y serenidad.

De esta manera, remodelarás tu cerebro para aprovechar una mentalidad completamente consciente, libre de las cadenas de los patrones de pensamiento autolimitantes. Esto te permitirá estar totalmente presente para centrarte en emociones positivas, aumentar tu compasión y, finalmente, comprenderte a ti mismo y a quienes te rodean.

# CAPÍTULO 10: GUÍA DE LA ANSIEDAD PARA ADOLESCENTES

### Consciencia de la respiración

Cuando controlas tu respiración, nadie puede arrebatarte la paz.

Durante este ejercicio de respiración en dos partes, practicarás la toma de consciencia de tu respiración natural. Aprenderás y practicarás una técnica básica de respiración.

### Consciencia

Con esta técnica, centrarás tu atención en una sola cosa: tu respiración.

- Siéntate o túmbate en un lugar cómodo y tranquilo. Relájate y cierra los ojos. Coloca la mano izquierda justo debajo del ombligo y la derecha sobre el corazón. Inhala y exhala con respiraciones tranquilas y constantes. Toda la respiración pasa por la nariz, manteniendo los labios cerrados.
- Aprende a sentir cómo la respiración entra y sale de tu cuerpo. No intentes controlarla de ninguna manera. No te pongas ansioso ni sientas la necesidad de reaccionar. Simplemente observa tu respiración y las sensaciones, sabiendo que no eres ni la una ni las otras. En realidad,

eres ese espacio entre el pensamiento y el sentimiento, lo que en yoga llaman tu verdadero yo.
- Cambia de postura y repite el ejercicio tumbado boca arriba.

**Mantras para calmar la ansiedad**

Practica diciendo mantras en voz alta:

- Soy capaz.
- Sé quién soy y soy suficiente. Estaré presente en todo lo que haga.
- Elijo pensar en lo que es mejor para mí.
- Alcanzaré la serenidad.
- Comparto mi felicidad con los que me rodean.
- Mi cuerpo es mi vehículo en la vida. Lo lleno de bondad.
- Me siento lleno de energía y vitalidad.
- Mi vida se desarrolla de manera maravillosa.
- Tengo confianza en mí mismo.
- Siempre observo antes de reaccionar.
- Sé que con tiempo y esfuerzo puedo tener éxito.
- Me encantan los desafíos y lo que aprendo al superarlos.
- Cada paso en mi camino me acerca más a donde quiero estar.

Practica hablar contigo mismo en primera persona, por ejemplo: "Soy capaz" y en tercera persona, por ejemplo: "Michael es capaz".

**Identificar y cambiar la autoconversación negativa**

Identifica un pensamiento o una frase negativa y cámbialos por positivos. Deben reflejar la persona en la que quieres convertirte y la vida que deseas vivir.

**Respira de nuevo**

Este ejercicio es especialmente útil cuando sientes que te cuesta respirar, pero no logras que el aire entre bien en tus pulmones. Puedes sentir la necesidad de exclamar que no puedes respirar, y nada de lo que haces parece aliviar esa sensación de presión en el estómago. En primer lugar, si estás hablando, eso significa que estás respirando, ya que hablamos empujando el aire a través de la caja torácica y sobre las cuerdas vocales para producir sonidos que luego se moldean en la boca y la lengua.

El problema aquí es que has respirado demasiado oxígeno, y aunque tu cuerpo tiene suficiente, sigues sintiéndote mareado, como si te faltara el aire. Tu propio pánico te está atrapando en un círculo vicioso: respiras de manera demasiado profunda para conseguir aire, luego tu cerebro envía señales de pánico porque sigues sintiéndote mareado, y esto te lleva a respirar aún más fuerte. Así se perpetúa el ciclo.

Lo que necesitas es aumentar el nivel de dióxido de carbono en tu torrente sanguíneo para salir de ese exceso de oxígeno y normalizarte más rápidamente. Para este ejercicio, necesitarás una bolsa de plástico o de papel. Si no la tienes a mano, búscala, ya que te ayudará mejor con el ejercicio.

- Cúbrete la boca y la nariz con las manos. Si tienes un pañuelo o algo similar en el bolsillo, puedes usarlo para crear un mejor sellado. Sin embargo, lo que utilices, recuerda cubrir al mismo tiempo tanto la boca como la nariz; de lo contrario, no servirá de nada.
- Respira profundamente por la nariz contando lentamente hasta seis. Si respiras por más tiempo, evita empeorar la situación continuando con la misma intensidad. Si sientes que no puedes regular tu ritmo respiratorio, continúa el ejercicio a un ritmo que te permita tu estado de pánico hasta que recuperes cierto control.
- Puede que el pánico no te permita contener la respiración, así que exhala lentamente por la nariz contando hasta seis. De nuevo, si sientes que no

puedes controlarlo, continúa a un ritmo que puedas manejar, hasta que recuperes cierto control.

- Una vez que termines de exhalar, inhala de nuevo manteniendo la mano firmemente sobre la boca y la nariz. Esto debería permitirte inhalar al menos parte del dióxido de carbono que acabas de exhalar.
- Sea cual sea el ritmo al que sientas que puedes respirar, continúa el ejercicio hasta que empieces a sentir que tienes control. Inhala inmediatamente después de cada exhalación sin hacer ninguna pausa para tener más posibilidades de inhalar más dióxido de carbono. Necesitas reciclar el aire para aumentar más rápidamente los niveles de dióxido de carbono sin empeorar el problema con un exceso de oxígeno. Por esta razón, una bolsa funciona mejor en estas situaciones.
- Si sueles sentirte así con frecuencia, lleva siempre contigo una bolsa de papel o plástico.

**Respiración visualizada**

Este ejercicio requiere un poco más de visualización y funciona mejor en un entorno tranquilo. Sin embargo, siempre que no estés conduciendo o realizando una actividad que requiera concentración inmediata e inquebrantable, puedes cerrar los ojos durante unos segundos o medio minuto y practicarlo en cualquier lugar si te sientes estresado y necesitas relajarte.

- Cierra los ojos. En la oscuridad, imagina que te ves a ti mismo como un contorno blanco sobre un fondo oscuro. Lo único que hay dentro de ese contorno es una imagen animada de tu cerebro. Si estás enfadado, imagina que tu cerebro está envuelto en una niebla de gas rojo; si estás estresado o ansioso, imagina una niebla negra que se arremolina en tu cabeza.
- Con los ojos cerrados, inhala profundamente por la nariz contando hasta cinco. Respira desde el estómago,

como ya hemos mencionado, en lugar de desde el pecho. Imagina que inhalas un gas verde o azul, el color que más te tranquilice. Al inhalar, visualiza ese gas calmante entrando en tu cabeza y mezclándose con el gas que ya está allí.

- En lugar de contener la respiración, exhala lentamente por la boca durante cinco segundos. Esta vez, imagina que exhalas el otro gas, rojo o negro. Mientras lo haces, siente cómo tu ira o tu estrés disminuyen lentamente a medida que se liberan. El objetivo es sustituir gradualmente ese gas oscuro en tu cabeza por el gas calmante que inhalas del entorno.
- Continúa repitiendo este ejercicio y visualiza cómo el gas verde o azul calmante reemplaza al gas oscuro dentro de tu cabeza, hasta que te sientas más tranquilo. Mantén los ojos cerrados durante el ejercicio y concéntrate en el sonido y el ritmo de tu respiración junto con la visualización. Aunque este ejercicio pueda durar entre 10 y 15 minutos, con la práctica lograrás alcanzar un estado en el que 30 segundos serán suficientes para relajarte, especialmente si estás fuera y no puedes dedicar más tiempo.

Aunque existen muchos otros ejercicios, los que he incluido en este libro no requieren práctica previa ni conocimientos avanzados de respiración, y pueden ser realizados cómodamente incluso por principiantes. Te ayudarán enormemente a combatir la ansiedad y el estrés, sin necesidad de ayuda externa.

# CAPÍTULO 11: GUÍA DE LA ANSIEDAD PARA ADULTOS

## Meditación mindfulness

Duración: 15 minutos

Vamos directamente al grano para ofrecerte las nociones básicas de la meditación mindfulness. Este ejercicio incluye todos los aspectos fundamentales. Puedes repetirlo una y otra vez mientras sigues aprendiendo.

Al aprender meditación mindfulness, hay algunos elementos clave a los que debes prestar especial atención. El primero es la postura: puedes sentarte en el suelo, sobre un cojín o en una silla, con la columna recta, pero relajada. Lo siguiente es tomar conciencia de tu respiración, allí donde la sientas más presente, y simplemente observarla sin tratar de modificarla. Por último, lleva tu atención a la respiración en la zona de la nariz o fosas nasales. Vamos a intentarlo.

**Instrucciones**

- Busca un lugar cómodo para sentarte, donde no te molesten y puedas concentrarte en el ejercicio durante los próximos 10-15 minutos.

- Siéntate con la espalda recta, pero relajada. Puedes mantener los ojos abiertos o cerrados, como te sientas más cómodo.
- Respira normalmente, nota dónde sientes la respiración y luego lleva tu atención hacia ella.
- Sé consciente de tu respiración, siguiéndola mientras inhalas y exhalas.
- Si tu mente divaga, regresa suavemente tu atención a la respiración.
- Continúa enfocándote en la respiración. Puedes empezar sentándote durante tres minutos la primera vez, luego hacer una breve pausa y sentarte cinco minutos más la segunda vez. Si te sientes con energía, tómate otro descanso y luego siéntate durante otros cinco minutos.
- Felicítate por el esfuerzo y sigue con tu día. Es útil tomar nota de cuándo has meditado, por cuánto tiempo y cómo te has sentido.

## Descubrir al pensador

Duración: 15 minutos

En este ejercicio, nos enfocamos en tomar conciencia de tu mente.

Recuerdo perfectamente que cuando comencé a practicar la meditación de atención plena, experimenté un cambio interno: me volví consciente de mis pensamientos y de mi mente de una manera más profunda. No es que antes no fuera consciente de mis pensamientos, pero en ese momento comencé a observarlos con más claridad y a trabajar con ellos. Al principio fue algo inusual, pero extremadamente útil. A esto me refiero con "descubrir al pensador".

### Instrucciones

- Busca un lugar cómodo para sentarte, donde puedas concentrarte sin distracciones.

- Siéntate con la espalda recta, pero relajada, con los ojos abiertos o cerrados, como prefieras.
- Respira normalmente y toma conciencia de tu respiración, luego dirige tu atención hacia ella.
- Comienza a observar tus pensamientos y su naturaleza, a menudo discursiva y errante.
- Intenta ser consciente del origen de tus pensamientos. Si lo logras, habrás descubierto tu mente. Puede que necesites varios intentos. Quédate en esta etapa observando tus pensamientos. Si no lo logras de inmediato, puedes volver a intentarlo más tarde.
- Permanece sentado un poco más, dejando que todo fluya. Simplemente enfócate en la respiración y, tras unos momentos, deja la meditación de manera gradual.

## Observar sin juzgar

Duración: 20 minutos

Estamos aprendiendo aspectos fundamentales como sentarnos correctamente, mantener la espalda recta pero relajada, ser conscientes de la respiración y empezar a localizar nuestra mente observando los pensamientos. Este paso es un avance lógico de lo que ya hemos hecho: ahora, además de ser conscientes de nuestros pensamientos, aprenderemos a observar cómo suelen ser críticos y juzgadores.

**Instrucciones**

- Busca un lugar cómodo para sentarte sin distracciones.
- Siéntate con la espalda recta y relajada, con los ojos abiertos o cerrados.
- Respira normalmente y enfócate en la respiración.
- Comienza a observar tus pensamientos y nota su naturaleza crítica. ¿Son juicios sobre ti mismo, sobre los demás o sobre ambos?

- ¿Puedes observar tus pensamientos sin juzgarlos? Si te das cuenta de que son críticos, haz una pausa y trata de detener ese juicio. Da un paso atrás, figurativamente hablando, y simplemente observa los pensamientos sin calificarlos. Intenta varias veces, con pequeñas pausas entre ellas. Si te descubres juzgando, toma nota, suéltalo y regresa a la meditación.
- Termina la sesión enfocándote de nuevo en tu respiración. Puedes tomar notas sobre la meditación si lo deseas, observando cuándo la hiciste, por cuánto tiempo y cómo te sentiste.

## Ni muy apretado, ni muy suelto

Duración: 20 minutos

Este es un paso clave en la meditación mindfulness, ya que aprenderemos cómo concentrar nuestra mente con la cantidad adecuada de esfuerzo. Si nos concentramos demasiado, puede causarnos tensión o confusión; si estamos demasiado relajados, perderemos la concentración. Al igual que las cuerdas de un instrumento musical, nuestro esfuerzo debe ser el adecuado: ni muy tenso ni muy suelto.

Queremos que el esfuerzo sea suficiente para mantener la atención, pero también debemos estar relajados para permitir una experiencia meditativa fluida. No te desanimes si no lo logras de inmediato; continuaremos trabajando en ello.

### Instrucciones

- Busca un lugar tranquilo donde puedas concentrarte sin ser interrumpido.
- Siéntate con la espalda recta pero relajada, con los ojos abiertos o cerrados.
- Respira normalmente y comienza a calmar tu mente, enfocándote en la respiración.
- Observa tu respiración mientras inhalas y exhalas.

- Nota cuánto esfuerzo te cuesta mantener la atención en la respiración. ¿Te distraes fácilmente? Si es así, intenta aumentar tu esfuerzo para mantener la concentración. Continúa hasta que logres estabilizar tu mente.
- Una vez que hayas estabilizado la atención, sigue concentrándote en la respiración. A partir de ahí, puedes disminuir la intensidad de la concentración para hacerla más relajada, pero estable. Lo ideal es lograr un equilibrio entre esfuerzo y relajación.
- Por último, deja ir todo. Vuelve a enfocarte en la respiración durante unos momentos y termina la sesión. Si lo deseas, toma notas sobre la práctica.

### Los ojos: una ventana hacia la sabiduría

Duración: 15 minutos

En la meditación mindfulness occidental, a menudo se practica con los ojos cerrados. Una de las principales razones es que, especialmente al principio, los practicantes necesitan minimizar las distracciones, y cerrar los ojos es una forma eficaz de reducir la estimulación externa. El inconveniente principal es que las personas también pueden relajarse demasiado o quedarse dormidas. Cuando los ojos están «medio abiertos o medio cerrados», se reducen las distracciones externas, pero aún hay cierto grado de conexión con el mundo exterior. Con los ojos completamente abiertos, uno tiende a estar más alerta y enfocado, aunque haya más posibilidades de distracciones externas. Sin embargo, desde una perspectiva avanzada de meditación, en el Vajrayana se dice que los ojos son la puerta hacia una sabiduría superior y que debemos aprender a meditar con los ojos abiertos. Personalmente, he comprobado que meditar con los ojos abiertos ayuda a evitar el adormecimiento y, además, facilita la integración del estado meditativo en todas las áreas de la vida cotidiana.

#### Instrucciones

- Encuentra un lugar tranquilo para sentarte, libre de distracciones. Al principio, es útil usar siempre el mismo lugar.
- Siéntate con la columna vertebral recta, pero relajada, y cierra los ojos.
- Respira con normalidad y tranquilízate mientras llevas tu atención a la respiración.
- Observa tu respiración, prestando atención a cada inhalación y exhalación.
- Realiza cinco minutos de meditación con los ojos cerrados. Observa cómo te sientes y si experimentas algún beneficio o dificultad con los ojos cerrados.
- Tras 5 minutos, haz una pausa de 1 minuto y luego realiza otros 5 minutos de meditación con los ojos entreabiertos. Descansa nuevamente y observa cómo te sientes y si notas alguna diferencia.
- Finalmente, siéntate con los ojos completamente abiertos durante 5 minutos. Al igual que con las meditaciones anteriores, presta atención a los beneficios y dificultades, especialmente en relación con los ojos abiertos. Si lo deseas, toma notas sobre lo que has experimentado.

### Sentarse con la emoción para reducir la preocupación

Duración: 5 minutos

Una forma efectiva de detener las preocupaciones incesantes es redirigir la atención hacia la emoción que subyace a esos pensamientos. A menudo, es la emoción subyacente la que alimenta la preocupación excesiva. Cambiar el enfoque, de los pensamientos ansiosos a simplemente ser consciente de la emoción que los acompaña, puede reducir significativamente la ansiedad y las preocupaciones.

**Instrucciones**

- Cuando notes que tienes pensamientos preocupantes, es el momento ideal para hacer este ejercicio.
- Observa cuáles son esos pensamientos preocupantes o la historia que te preocupa.
- ¿Qué emoción acompaña a estos pensamientos?
- Identifica la emoción, hazte consciente de ella y siéntela plenamente. Mantén la atención en ella durante el tiempo que necesites.
- Siempre puedes volver a este ejercicio más tarde. Observa cómo la ansiedad y la preocupación disminuyen a medida que te haces consciente de la emoción subyacente.

### Vincula tus objetivos a tus pasiones

1. Define tu visión.
2. Revisa las áreas de tu vida.
3. Reflexiona sobre ti mismo.
4. Comienza a leer y aprender.
5. Delimita tu búsqueda de objetivos.
6. Encuentra un mentor.
7. Realiza una lluvia de ideas y toma notas.
8. Da el primer paso hacia la acción.
9. Considera el impacto en otras personas.
10. Ahorra dinero y recursos para tus metas.

# CONCLUSIONES

Ahora que has llegado al final de este libro, espero que hayas descubierto cómo empezar a superar el estrés y la ansiedad de una vez por todas, además de poner en práctica una estrategia (o dos o tres) que deseas probar por primera vez. Sin embargo, antes de seguir adelante y empezar a darlo todo, es importante que tengas expectativas realistas sobre el nivel de éxito que deberías esperar en un futuro cercano.

Aunque es cierto que algunas personas tienen éxito desde el principio, estas son la excepción y no la regla. Esto significa que te llevará tiempo aprender las técnicas y aprender a controlar tu ansiedad, especialmente cuando intentes averiguar qué funciona mejor para ti. En lugar de ilusionarte a un nivel poco realista, piensa en el tiempo dedicado a mejorar tu salud mental como un maratón en lugar de un sprint; esto significa que ganarás la carrera de forma lenta y constante.

Aunque la meditación es una práctica popular hoy en día, la mayoría de nosotros no la practicamos de manera eficiente, excusándonos en la falta de tiempo. Para establecerla como hábito, la regularidad es clave. No importa si nuestro estilo de vida nos mantiene ocupados, la meditación mostrará resultados y será progresivamente útil si le dedicas tiempo. Si encuentras momentos para practicarla, podrás alejar tus preocupaciones a lo largo del día. La constancia es la clave: practicar con regularidad, en un espacio físico que visites a menudo, hará que tu cerebro mantenga esta responsabilidad individual.

La meditación es algo que debes practicar si quieres tener éxito en la vida, y solo será posible gracias al tiempo que inviertas en ella; por eso la práctica es tan importante: centrarte en lo que necesitas lograr y valorar es el enfoque más adecuado para ensayar correctamente.

Sin embargo, llega un momento en que la sesión de meditación puede volverse demasiado dispersa para ser útil. Si te concentras en tus objetivos durante la práctica, aprovecharás mucho más tu tiempo y te familiarizarás con ellos más rápidamente.

Muchas personas ignoran los horarios porque prefieren ser espontáneas y no asumir compromisos adicionales, aceptando las cosas como son y siendo libres para gestionar su propio tiempo; sin embargo, una práctica diaria puede mejorar el bienestar general, la prosperidad y la eficacia.

Existen numerosos enfoques para crear un horario diario, pero la pauta principal es hacer que funcione para ti.

Aquí tienes algunas sugerencias para mantener un programa diario:

### 1. Establecer un plan de meditación

Esta progresión parece fácil, pero es fundamental. Uno de los pasos más significativos para comprometerse a hacer algo a diario, en particular la meditación, es hacerlo según un horario establecido.

Establece un horario diario para tu sesión de meditación y cúmplelo, pase lo que pase. Si algo interrumpe tu rutina, reprograma tu sesión y recupérala lo antes posible.

### 2. Crea un espacio dedicado a la meditación

Crear un espacio dedicado a la meditación puede ser tan fundamental como despejar un área de la habitación y colocar un cojín. Ya sea una habitación entera, un rincón o cualquier otro lugar, lo más importante es eliminar todas las distracciones y encontrar en este espacio solo lo esencial.

**3. El comienzo de los 60 segundos**

Al principio, siéntate solo durante sesenta segundos y poco a poco aumenta ese tiempo.

El esfuerzo más significativo para hacer de la meditación una rutina diaria es simplemente sentarse todos los días, sin importar el tiempo que permanezcas sentado.

**4. Mantén la calma**

Facilítate a ti mismo el intento de hacer de la meditación una práctica diaria. Reserva tiempo para descansar, comer y hacer ejercicio. Recuerda que esta es tu vida y debes hacerlo de la forma que mejor te funcione.

La meditación nos trae al momento presente. Es una conexión profunda con la mente, a través de una mayor autoconciencia, junto con todo lo que nos rodea. La práctica regular de la meditación mostrará resultados notables.

www.ingramcontent.com/pod-product-compliance
Lightning Source LLC
LaVergne TN
LVHW051356061026
849535LV00009B/3210
* 9 7 8 1 8 0 3 3 4 1 2 4 8 *